fotografie Lars Hoffmann | *erzählung* Niels Hoffmann

GESICHTER DER DONAU

Ein Fotograf und ein Autor im Kanu zum Schwarzen Meer?
Die fantastische Reiseerzählung der Donauten Lars und Niels Hoffmann.

edition MORIZANER

Der
INHALT

Mit dem Finger auf der Landkarte

Als ich in der Kindheit erfuhr, unsere Urahnen seien aus dem Süden gekommen und im damals ungarischen Grenzland, das nach den Türkenkriegen zerstört war, von den Habsburgern und den ungarischen Fürsten angesiedelt worden, entzündete sich meine Fantasie an einem Strom, der mich über unsere kleinen Flüsse, die in die Donau münden, ans große Schwarze Meer bringen könnte. Dort würden große Schiffe in alle Welt ablegen.

Dann fuhr ich in meiner frühen Schulzeit mit dem Finger auf der großen Geografiekarte die Donau entlang. Gering war die Vorstellung davon, was dieser verschlungene Flusslauf an Ländern und Leben berührt. Doch ahnte ich die enormen Dimensionen dieses zweitgrößten Flusses Europas. Wir wurden mit Fakten gefüttert, Kilometerlänge, Ursprung und Mündung. »Leicht zu merken«, meinte der Lehrer, »Schwarzwald – Schwarzes Meer«. Die Eselsbrücke lautet »Schwarz«. Als ich mit dem Finger auf der Landkarte die Donau entlangfuhr, dachte ich daran, ob diese Reise wohl möglich sei, denn ich wusste, in unseren südöstlichen Nachbarländern »ist« der Kommunismus, und die Wachttürme und Stacheldrahtzäune wurden uns Kindern schaudernd als drohende Mahnmale präsentiert.

Wie abenteuerlich müsste eine Reise auf diesem Fluss sein, der so viele Länder verband und gleichzeitig trennte? Beim Delta war der Finger zur Entscheidung gezwungen, welchem der Arme er folgen und ins Schwarze Meer »münden« sollte. Nach Jahrzehnten habe ich nun die Möglichkeit, meine erträumte Reise mit diesem Buch zu unternehmen.

Lars und Niels Hoffmann haben mit ihrem Kanu und ihrem Erinnerungs-Schleppnetz, bestehend aus Kamera, Notizblock und wachen Sinnen die Donau »erfahren« und zeigen uns ihren reichen Fang. Anhand dieses Bildberichtes dürfen wir an den Erfahrungen ihrer magischen Reise teilhaben. Sie führt ins Herz Europas. Zu den Gesichtern der Donau in mehrfachem Sinn. Die beiden Reisenden zeigen die Fremdheit und die Verbundenheit dieser unterschiedlichen Länder und Kulturen, die das blaue Band (nur auf den Geografiekarten der Schule) zum künftigen Europa verbindet. »Was aber jener tuet, der Strom, / Weiß niemand« lautet die letzte Zeile eines Hölderlin-Gedichtes. Wien, einst Zentrum der Donau-Monarchie, danach an den östlichen Rand des westlichen Europas gedrängt, ist jetzt ins Zentrum gerückt und hat seine neue Rolle noch nicht gefunden. Die einst hinter dem »eisernen Vorhang« gelegenen Länder sind frei und uns noch immer fremd.

Wie schön, dass mich jemand von den Mühsalen der Reise enthebt, gleichwohl die Erfahrungen und Gesichter dieses Flusses und seiner Menschen mit mir teilt. Dieses Abenteuer liegt nun vor Ihnen.

Ernst A. Grandits
Autor, Filmemacher und Journalist

Am Anfang nur
WASSER

Den Ursprung dieses Flusses zu finden, ist eine mühsame und durchaus problematische Sache. So sehr Menschen auch versucht haben, diesen speziellen Punkt in der Geografie zu ermitteln, den Geburtsort, die Quelle, so umfassend sind sie doch schließlich damit gescheitert. Wahrscheinlich kann man mit diesem Unterfangen auch nur scheitern – denn möglicherweise hat der Fluss gar keinen Anfang. Vielleicht kreuzt er einfach nur auf, kommt um die Ecke gebogen, zeigt sich plötzlich silbern schimmernd in der Landschaft.

Die Donau, so glauben manche Menschen tatsächlich, entstünde durch das Zusammentreffen der beiden Gewässer Brigach und Breg. Doch dem ist nicht so, wir haben es mit eigenen Augen gesehen. Da strömen zwar zwei Bäche zusammen und fließen gemeinsam unter einer lärmenden Schnellstraße hindurch und anschließend an einem Klärwerk und einem tristen Gewerbegebiet vorbei. Doch das ist noch nicht die Donau. Sie entsteht irgendwo später, an einem viel schöneren Ort. Und dort beginnt unsere Reise.

Das Flüsschen windet sich und schlägt Bögen, es taumelt förmlich von einer Seite zur anderen und nimmt sich dafür reichlich Zeit. Es scheint, als müsse die junge Donau das Fließen erst erlernen. Neben ihr wachsen urige Wälder bis hoch zu den grauen, kahlen Felsen. Sie ist ein schmaler Strom in der Mitte eine mächtigen Tales. Und dort, wo dieses Tal am schönsten ist, im Schatten der Schrofen und Burgen, steht auf einer saftig grünen Wiese ein einsames Bauernhaus. Der Herr dieses Hauses lebt schon sein ganzes Leben hier, so wie sein Vater und wie auch dessen Vater zuvor. Obwohl er auch andere Flecken dieser Welt gesehen hat, stets frei war und sogar Frei heißt, so wollte er doch nie lange woanders bleiben, immer zog es ihn wieder zurück, in das Haus seiner Kindheit, seiner Jugend, seines Lebens, zurück an die junge Donau. So sitzt er mit der Angel in der Hand am Ufer und scheint mit sich zufrieden. Das Wasser plätschert vorbei, die Nacht bricht herein. Nicht weit entfernt rutscht ein Biber in den Fluss und schlägt mit seiner Kelle aufgeregt auf das Wasser, denn es nähert sich ein seltsames Gefährt mit scheinbar seltsamen Gefährten. Ein rotes Kanu, darin sitzen wir und zwischen uns und der ganzen Ausrüstung ein Hund, die Flicka. Herr Frei wundert sich sehr über uns Reisende, die wir einen Platz für die Nacht suchen und nicht finden können. Doch für ihn ist Gastfreundschaft eine Ehre, und so ist seine Wiese heute Nacht auch unsere Wiese. Wir bauen das Zelt auf, hier bleiben wir für die Nacht.

Da er ja schon immer hier lebt, so wie auch sein Vater und dessen Vater zuvor, weiß Herr Frei eine Menge über diese Gegend zwischen Fridingen, Neidingen, Sigmaringen und Möhringen in der Sprache der Schwaben zu berichten. Im Schein der Gaslaterne sitzen wir beieinander und schauen auf den schwarzen Fluss, lauschen seinen Geschichten und fragen, wohin die Donau als nächstes fließt. Die Antwort fällt ihm nicht ganz leicht, zwar ist die Landschaft weiterhin wunderschön und auch die nächsten Ortschaften, aber der Fluss ist an manchen Stellen für Reisende gesperrt, die Befahrung sei *ver bote*. Das klingt zwar in unseren Ohren wie *für Boote*, meint jedoch *verboten*. Und von Amtswegen *ver bote* ist hier dies und jenes und insgesamt eine ganze Menge. Im Grunde ist es der Versuch, die Schönheit und Vielfalt der Gegend zu erhalten, meint unser Gastgeber und das verstehen wir, wenngleich verbotene Landschaft so gar nicht nach unserem Geschmack ist.

Doch für Hindernisse solcher Art und für die Wehre und Schleusen führen wir einen kleinen Wagen mit, auf dem wir das Kanu mit der ganzen Ausrüstung über Land rollen können. Wir sind gut gewappnet! Was Herrn Frei jedoch viel mehr interessiert, ist die Frage, wie man auf die Idee kommt, eine solche Reise tatsächlich zu unternehmen. Mit dem Kanu von Deutschland bis zum Schwarzen Meer, warum? Nun ja, die Antwort ist recht einfach, es gibt den Fluss und es gibt uns. Irgendwann mussten wir zusammenkommen. Nun sind wir Reisende auf dem Weg nach Osten, unterwegs auf Europas Lebensader, auf der Suche nach Begegnungen und Erfahrungen, auf der Suche nach dem Unbekannten, dem Überraschenden, dem Schönen – wir sind Donauten.

Von Schiffsmännern und Wallern

Die Felsen und Berge liegen hinter uns, ringsum ist nun alles flach – rote Dächer, alte Häuser und ein mächtiges Schloss neben dem Wasser – die Stadt Neuburg an der Donau, Oberbayern. Im Fluss befindet sich eine bewohnte Insel. Uns zieht es jedoch ins Innere der Stadt mit ihrer Renaissancearchitektur wie aus der Puppenstube. So einfach gelangt der Reisende hier allerdings nicht an Land. Das Ufer ist eine Wand aus Beton und darauf thront ein eisernes Geländer, welches wohl verhindern soll, dass die Bürger dieser Stadt unbeaufsichtigt in die Donau fallen und verloren gehen. Vielleicht dient dieser Schutzwall aber auch dazu, den Ort vor zu vielen Flussmenschen zu bewahren, vielleicht soll er dafür sorgen, dass nicht ein jeder vom Boot herunter- und in die Stadt eintritt.

Hier legten vor mehr als einhundert Jahren auch schon Raddampfer an, nachdem sie mühsam den Fluss herauf gestampft waren – und die Schiffer der Donau hatten in der Gegend einen schlechten Ruf. Bei der generalisierenden Beschreibung ihrer Charaktere wurden durchaus griffige Attribute wie rastlos, trinkfreudig und streitsüchtig herangezogen. Kurzum, die Menschen vom Fluss waren in den Augen der Neuburger wohl wilde Rabauken, so etwas wie die Rocker der Donau. So wurde vor diesem Menschenschlag auch in lyrischer Form eindringlich gewarnt: »*Dirndl, heirat koan Schiffmann, du heiratst in d'Not – host im Summa koan Mann und im Winter koa Brot*«. Da haben wir als Flussreisende sicher nicht die besten Karten bei den Frauen dieser Stadt. Doch anscheinend hat sich vieles geändert. Bei den Begegnungen mit den Neuburgern werden wir trotz unseres verräterischen Dialektes gut behandelt, die Bäckersfrau lächelt mich sogar an. Vielleicht weiß sie aber auch schlichtweg nicht, dass wir Flussreisende und somit potenziell schlitzohrige Gesellen, Rumtreiber auf Zeit, vielleicht sogar richtige Schiffsmänner sind – Besatzungsmitglieder auf einem Boot mit ungewissem Ziel, auch wenn unser bescheidener Kahn in der Länge gerade mal sechs Meter misst und wir selbst noch ein recht gepflegtes Bild abgeben.

Wieder an der Donau und am dazugehörigen Geländer angelangt, wird die Fantasie des Betrachters sogleich durch eine angebrachte Tafel beflügelt: »*Das Füttern von Tieren (Enten etc.) ist verboten! Zuwiderhandlungen werden mit Geldbuße belegt!*« steht in strengen Buchstaben darauf. Besonders die beiden Wörter *Enten etc.* fallen ins Auge. Warum werden die anderen Tiere nicht mit aufgezählt? Vielleicht geht es hier um etwas ganz anderes als um die *Enten etc.* Wird hier etwas absichtlich nicht gesagt und nur unterschwellig gewarnt? Wer oder was steckt hinter dem Kürzel *etc.*? Sind es Schwäne oder Gänse? Ist damit gar ein ganz anderes Wesen gemeint? Möglicherweise sollen sich die Menschen gar nicht den Tieren des Flusses nähern, es klingt ja wie eine Warnung. Sicher, die Ufermauer und das darauf befindliche Geländer wurden von den Vätern dieser Stadt zum Schutz vor der unberechenbaren Kraft des Flusses errichtet. Eine Befestigung, ein Schutzwall. Damit nichts passiert. Damit die Leute auf dem Heimweg von der Wirtschaft nicht in die kalten Fluten fallen und davon gespült werden. Und damit der Fluss im Frühjahr nicht in die Stadt hinein schwappt, ja, sicher. Vielleicht sogar zum Schutz vor den wilden Schiffsmännern, dass nicht zu viele auf die Idee kommen hier anzulanden. Doch möglicherweise wurde der Wunsch nach einem Schutzwall eher von etwas anderem genährt, von einem dunklen Gefühl, einer unterschwelligen Angst. Einer Furcht, die man freilich kaum ausspricht, die den meisten vermutlich noch nicht einmal bewusst ist.

Und schon kräuselt sich in besagter Fantasie an einer Stelle des Stromes das Wasser und das mythischste aller Donauwesen erscheint für einen ganz kurzen Moment dicht unter der Wasseroberfläche. Voller Kraft, dunkel, wulstig, monströs. Das Urvieh des Flusses. Das geheimnisvolle Wesen, am Tage meist auf dem Grund des Flusses ruhend, doch in der Nacht ein lautloser Räuber mit unersättlichem Rachen: *Der Waller, der Wels.*

Das gigantische Wesen aus der Tiefe, der Jäger in der Dunkelheit, nicht nur auf Enten spezialisiert. So bauen die Menschen einen Wall, um sich vor ihrer Angst zu schützen, sie grenzen sich ab und sperren ihn aus. Und jetzt taucht dieses Wesen kurz auf, das Wasser rinnt über den bulligen, nackten Schädel, über die winzigen, fremden Augen und es sieht verschwommen das des Nachts beleuchtete Schloss der Stadt, sieht die schummrigen Gassen, johlende Leute, vorbeieilende Autos. Ein Mensch schlendert auf der Ufermauer entlang, bleibt stehen und liest die seltsamen Schilder mit dem *etc.* Er wundert sich.

Ein kalter Wind kommt aus der Dunkelheit über den Fluss, der Mensch streift sich die Jacke über und geht davon. Ein stiller Schwung mit der gewaltigen Schwanzflosse und der Waller taucht wieder ab, verschwindet im Dunkeln, verschwindet im Fluss.

Kilometer 2479 Die Luft ist brüllend heiß, wir sind schon hinter Ingolstadt und versuchen, einen Staudamm mit Sack und Pack und Hund an Land zu überwinden. Ich gebe vor, das eben Gesprochene verstanden zu haben, doch der jüngere der beiden Polizisten bemerkt meine Unsicherheit umgehend und wiederholt die Worte seines Kollegen langsam und bemüht hochdeutsch. Wir sind noch nicht mal in Österreich und ich verstehe schon hier die Sprache der Leute nicht mehr. Aha, die beiden sind nicht wegen uns hier, wenn ich es richtig vernommen habe.

Die Ordnungshüter stehen nur wenige Meter entfernt, ganz entspannt, die Dienstwaffe an der Seite baumelnd, kurzärmlige Hemden, die Augen hinter verspiegelten Sonnenbrillen. Sie sagen nichts weiter, schauen nur. Keine Regung in ihren Mienen. Genauer betrachtet sind es eigentlich gar keine Polizisten. Sie sind cool, lässig und abgeklärt. Schwer vorstellbar,

15

dass die beiden durch irgendein Ereignis ernsthaft aus der Ruhe gebracht werden könnten. Es sind bayerische Cops. Bevor wir ablegen, fragt der jüngere dann doch, wie lange wir schon unterwegs sind und wo wir noch hinwollen. So lange? So weit? Ja, da schau her. Wir paddeln los, weiter unter einer brennenden Sonne, die beiden stehen neben ihrem Polizeiauto, werden immer kleiner und verschwinden schließlich hinter uns.

Die Donau ist hier nicht viel breiter als unsere heimische Havel, sie strömt durch eine flache Landschaft dahin, die Luft dagegen scheint zu stehen. Die Sonne sengt aus einem stahlblauen Himmel herunter, weit und breit keine Wolke, kein Schatten, nur Licht. Wir hüllen uns in lange Bekleidung, tauchen die Hüte immer wieder in den Fluss, um für wenige Minuten einen kühleren Kopf zu bekommen. Vor Ingolstadt schien es selbst den Karpfen im Wasser zu warm, voller Panik versuchten sie, in unser Boot zu springen. Die thermisch aufgeladene Trinkflasche explodiert plötzlich in der Hitze, der Flaschenverschluss saust in Richtung Sonne, doch er trifft sie leider nicht. Wie kann es nur so heiß sein? Wo soll dieser Wahnsinn noch hinführen? Wir sind noch nicht mal am Rande des Balkans. Kann man dort im Sommer überhaupt leben? Überleben? Doch dann Musik, eine Fähre, links das Dorf Hienheim, rechter Hand Menschen am Ufer und – einer Fiebervision gleich – ein Biergarten. Schon sind wir an Land, sitzen bei kaltem Getränk unter dem Sonnendach und schauen auf den Fluss. Womöglich meint es das Leben auch heute gut mit uns und klar, *oit so weid werdn mia heid ned mehr komma*. Sei's drum!

Durch die Enge

Nur einige Flussbiegungen entfernt rumpelt ein grüner Traktor an zwei mit Badehosen bekleideten Männern vorbei, davor der Fluss, dahinter die Häuser der Stausackeraner, die hier leben, im Dorf Stausacker. Den Zeltplatz gibt es schon lange nicht mehr, wissen die beiden Herren mit den Badehosen zu berichten. Dann gehen sie weiter am Ufer entlang und werden in wenigen Minuten etwas stromaufwärts in den Fluss springen und wieder an Stausacker vorbei Richtung Kloster Weltenburg treiben. Und diesem Treiben scheint das ganze Dorf nachzugehen, Männer, Frauen und Kinder lassen sich vom kühlen Wasser des Flusses durch die Landschaft transportieren. Die Ortschaft selbst schlummert unter einer Hitzeglocke. Nur zwei Menschen arbeiten dennoch, der Traktor dröhnt unentwegt über die Wiese und bindet Sommerheu zu großen Ballen. Der Bauer erweist sich nicht als besonders gesprächig, doch als wir unsere Ausführungen mit der Frage nach der Erlaubnis für eine Übernachtung auf seiner Wiese beenden, antwortet er umfassend: »Joa«.

Der zweite Tüchtige ist Georg Eisenknappl, dessen Profession es ist, die Leute von einer Seite des Flusses auf die andere zu bringen, bei fast jedem Wetter, denn er ist der örtliche Fährmann. Doch dieser Eisenknappl Georg (man gewöhnt sich recht schnell daran, den Nachnamen vor den Vornamen zu setzen), dieser Eisenknappl Georg ist weit mehr als ein Fährmann. Sicher, auf den ersten Blick setzt er mit seinem Gefährt einfach Menschen und manchmal auch ein ganzes Auto vom Dorf Stausacker zum Dorf Weltenburg über. Gekonnt löst er dabei die Seile und stellt mit wenigen Ruderschlägen den stählernen Rumpf in den richtigen Winkel zur Donauströmung – und schon schiebt sich das angeleinte Boot, nur getrieben von der Kraft des Flusses, dem anderen Ufer entgegen. Doch in Wirklichkeit hält der Mann in Hemd und Lederhose die beiden Seiten des Flusses regelrecht zusammen, mit den Seilen seiner Fähre und seinen kräftigen Armen, seiner Robustheit und seiner Standhaftigkeit. Er sorgt damit für den Zusammenhalt beider Gegenden. Wäre er eines Morgens nicht da, seine Fähre ohne Fährmann, so würde es einen sicherlich nicht wundern, wenn sich die Ufer an dieser Stelle nach und nach voneinander entfernten, auseinander glitten, immer weiter weg. Das über dem Wasser gespannte Fährseil würde reißen, die Menschen und Häuser und der Kirchturm auf der anderen Seite würden immer kleiner, im Morgennebel würde man von der anderen Seite so gar nichts mehr sehen. Ein weit entferntes, dumpfes Glockengeläut dränge dann möglicherweise durch den Dunst, um an das Dorf und die Menschen dort zu erinnern. Die andere Seite würde zu einem fremden Land, deren Bewohner man immer weniger kennt, deren Leben man nicht mehr teilt. Und später würden die Alten davon berichten, wie es früher war, als die Menschen beider Ufer sich noch besuchten, sich stritten und liebten, sich verfluchten und sich darauf gemeinsam betranken. Wie es war, als Stausacker noch einen Gottesdienst hatte, den der Pfaffe aus dem gegenüberliegenden Kloster Weltenburg jeden Sonntag hielt, nachdem er wackeren Schrittes von der Fähre des Eisenknappl Georgs getreten war. Aber die Jungen würden den Alten nicht so recht glauben, wahrscheinlich noch nicht einmal mit einem halben Ohr zuhören. Jenseits des Ufers herrschte für sie nur Fremde.

Doch jeden Morgen rollt ein gut gelaunter Herr zur Donau herunter, lehnt sein Fahrrad an einen kleinen braunen Holzwagen, schaut in den Himmel und auf das Wasser und wartet auf den ersten Passagier des Tages. Vielleicht gehört er zu den ganz wenigen Menschen, denen die Bedeutung ihrer Aufgabe tatsächlich bewusst ist. Und so schmunzelt er in den Tag, überprüft das Fährseil, und schaut, ob am Ende des Seils noch immer das andere Ufer, das Dorf und das Kloster Weltenburg hängen, denn das scheint seine Aufgabe, die Ufer und die Menschen zusammenzuhalten. Und schon winkt einer von der anderen Seite und ruft nach dem Fährmann.

Hinter dem winkenden Menschen durchbricht der Fluss ein Bergmassiv und ganz vielleicht hat die geografische Ortsbezeichnung etwas mit dieser Tatsache zu tun – Karten, Menschen und Reiseführer sprechen vom Donaudurchbruch. Es ragen buckelige Felsen empor, bewachsen mit Bäumen und Gebüschen, die der strubbeligen Behaarung eines schlafenden Riesen gleichen. Zwischen dem schlafenden Riesen und der Donau ist nur wenig Platz, eine schmale Straße führt direkt bis zum Kloster Weltenburg.

Das Kloster ist ein regelrechter Wallfahrtsort für Menschen, die man gern als Touristen bezeichnet – auch wenn völlig unklar ist, wie man ein richtiger Tourist wird. Jedenfalls vernimmt man auf der schmalen Straße dahin vielerlei Sprachen und Dialekte und den Geruch des Dieselqualms der Reisebusse. Diese Touristen kommen, um die Donau zu erleben, und anscheinend ist die Donau hier mehr Donau als an anderen Stellen, sozusagen ein landschaftliches und kulturelles Erlebniskonzentrat. So eilen die Gäste zum Donaukloster hinter den Donaudörfern und zwischen den Donaufelsen. Sie kaufen sich ein Ticket für eine Donau-Dampferfahrt auf der *Maximilian II* durch den Donaudurchbruch. Für eine Stunde tuckern sie dann flussab- und flussaufwärts, auf einem Schiff, das viel zu groß für dieses enge Gewässer ist und nicht hierher zu passen scheint. Vielleicht ist das Schiff aber das Spielzeug des strubbeligen, schlafenden Riesen und eines Tages greift er danach, um es kräftig zu schütteln.

Und der Fluss? Er bleibt gelassen, fast still. Er erträgt den ganzen Trubel mit Würde und wäscht sich weiter durch die Felsen, schiebt sich vorbei an Stausacker und dem Kloster Weltenburg, vorbei an der Dampferanlegestelle, den Reisebussen und den vielen Menschen. Auf seinem Rücken schaukelt ein rotes Kanu und hinter Kehlheim und der seltsamen, runden Befreiungshalle eines Bayernkönigs verschwindet der Canyon abrupt und die Donau hat wieder Platz. Sie wird zum Wald-, Feld- und Wiesenfluss, verbrüdert sich mit der Schwarzen Laaber und der Naab, um sich unter einem blauen Himmel dahintuschelnd einer großen Stadt zu nähern. Hinter den Bäumen am rechten Ufer tauchen die zwei gewaltigen Türme eines Doms auf, dann spannt sich die schönste und älteste Brücke der gesamten Donau flach über das Wasser, alte Häuser drängeln sich am Ufer. Es ist, als triebe man im Kanu für einen Moment durch die Stadtansicht eines barocken Ölgemäldes.

Gleich hinter Regensburg liegt ein echtes deutsches Märchenland mit viel Grün und sich bis zum Fluss herunter schwingenden, dichten Laubwäldern. Die weiß getünchte Kirche eines kleinen Dorfes sticht leuchtend hervor, darüber, auf dem Gipfel des Hügels eine Burgruine mit weitem Blick über die Donau und in das Land. Doch das alles ist nur der Vorspann, denn hinter der nächsten Flusskurve erhebt sich ein wahrer Ruhmestempel über dem Gewässer. Das wohl deutscheste aller deutschen Häuser, die unangefochtene Nummer eins innerhalb der Gruppe der monumentalen Gedenkbauwerke.
Der zu Stein gewordene Verehrungsraum beherbergt jene, von deren Wirken vermutet wird, dass es Deutschland zu dem gemacht hat, was es ist und jene, deren Wirken vermutlich verhindert hat, ein anderes Deutschland zu werden. Man ahnt es schon, und so steht sie da in großen Lettern über der Donau: WALHALLA. Der ungebildete Beobachter schaut und wundert sich ein wenig, stellte er sich doch die Erscheinung des obersten deutschen

»Auf unsa Dracht hoitn mia schon was, mia Bayern«, sagt der Eisenknappl Georg, wischt sich den Schweiß von der Stirn, lacht, bevor er wieder die Seilfähre in Gang setzt, um an das andere Ufer zu wechseln. Nur angetrieben von der Kraft der Donau, die sich unter dem Stahlrumpf Stunde um Stunde weiterschiebt, vorbei an Stausacker, vorbei am Kloster Weltenburg (vorherige Seite), durch zerklüftete Felsen, nach Regensburg und immer weiter.

21

Verehrungsgebäudes etwas anders vor. Walhalla gleicht einem griechischen Tempel mitten in Bayern, ein parthenonischer Klotz in der Urstromlandschaft. Es stellt sich kein Verehrungsgefühl ein, da müsste schon ein wenig mehr passieren! Vielleicht fehlen die Klänge der Hörner, gegebenenfalls ein wenig Hufgetrappel und diesiger Nibelungennebel. Im Tempel drinnen stehen die Büsten der besseren deutschen Politiker, Künstler und Wissenschaftler sowie die ihrer geistigen Väter. Sie schauen sich allesamt gelangweilt an und können trotz der exklusiven Lage des Hauses den Ausblick über das weite Land und den blauen Fluss nicht genießen, denn die Halle hat nur Deckenlichter und keine Fenster.

Vor der Walhalla stoppt auf eben diesem Fluss ein Ausflugsdampfer mit bunten Wimpeln. Über die Bordlautsprecher erzählt eine männliche Stimme etwas über diesen deutschen Ort, doch das wirklich urtümlich deutsche im Umkreis wird in dem Vortrag vermutlich keine Rolle spielen. Direkt unterhalb des Ehrenbaus grenzen exakte Zäune Nachbarn ordentlich voneinander ab, Gewächshäuser und blaue Pavillons stehen neben kleinen Häuschen, fröhlich flattern schwarz-rot-goldene Fahnen im Wind: eine Kleingartenkolonie wie aus dem Bilderbuch. So erlebt der Besucher schließlich doch noch die architekturelle Manifestation deutscher Kultur, ganz unverfälscht und lebensnah.
Doch all das lassen wir nun hinter uns, die Kleingärten mit den deutschen Flaggen, den griechischen Tempel, die Köpfe von Wagner, Einstein, Bismarck und Heine bleiben zurück, denn wir wollen heute noch nach Straubing paddeln, später dann kommt Deggendorf, Vilshofen und schließlich Passau – und die Grenze nach Österreich.

Vorherige Seite: Der Fluss irgendwo zwischen Regensburg und Straubing
Links: Abendblick ins Donautal bei Deggendorf
Oben: Am Wegesrand zum Bayerischen Wald

Wir schaffen es nicht nach Straubing, die Dunkelheit kommt zu früh. Im allerletzten Licht bauen wir das Zelt unmittelbar am Ufer auf und vertilgen unser Abendbrot schnell und ohne Genuss. Die Donau ist spiegelglatt, ein kreisrunder Mond geht auf und verdoppelt sich durch seine Reflexion auf dem Wasser. Es ist still, ab und an entlädt sich die hitzige Spannung des Tages lautlos zuckend im Himmel, entferntes Wetterleuchten in lila und rot. Später liegen wir im Zelt, mit Gedanken an die Reise, an den Fluss. Wir sind immer noch in Deutschland, es wird ein langer Weg. Irgendwo hinter Österreich hört unser Kartenmaterial auf, die Planung wird etwas schwieriger. Wenn man nicht weiß, wann das nächste Dorf oder Gehöft kommt, muss man jede Menge Reserven, Trinkwasser und Essen bunkern.

Dann, als wir auf halbem Weg zum Schlaf sind, stampft ein Motor durch die Nacht, fast könnte es ein Dampfschiff sein, das sich den Fluss hinunter schiebt. Ein dumpfer, tösender Rhythmus, plötzlich wird es hell, ein Scheinwerfer des Schiffs leuchtet in unser Nachtlager, der Motor dröhnt immer lauter, jetzt hört man auch das Schäumen der Bugwelle, die Luft zittert. Ich rechne damit, dass der Kapitän des Riesenfrachters beschlossen hat, unser Zelt zu rammen, es steht ja nur zwei, drei Meter vom Wasser entfernt. Doch dann entschließt er sich wohl anders und dreht knapp vor uns ab, die Maschine klingt noch schlagender, jetzt platschen die Wellen rauschend an Land, ich hoffe, nicht weggespült zu werden.

Aber wir haben wieder Glück, die Wellen reichen nicht bis zu unserer Unterkunft, der Frachter verschwindet düster stampfend und sich selbst erleuchtend in die Dunkelheit. Er gleicht einem dieser seltsamen Tiefseewesen mit fluoreszierenden Organen. Ein fremdes Geschöpf, ein lichter Punkt im umgebenden Schwarz. Ich lausche noch lange, das Wesen pocht weiter und weiter, es muss schon ewig entfernt sein, vielleicht pocht es auch nur noch in meinem Traum, doch es kommt in dieser Nacht nicht mehr zurück.

~

Hinter Straubing scheinen die Menschen ein eher schwieriges Verhältnis zum Fluss zu haben. Ganze Dörfer sind von meterhohen Mauern umschlossen, nur durchbrochen von einzelnen Toren, die wohl bei eintreffender Flut gesperrt werden. Möglicherweise ist aber der Fluss von Zeit zu Zeit ein wenig zu garstig zu den Menschen, die hier an seinen Ufern leben wollen. Mit seinen Hochwassern versucht er, ihnen das hart erkämpfte Land streitig zu machen, ganze Dörfer zu fluten und Mann und Maus auf Zeit zu vertreiben.

Doch sollte man die Niederbayern nicht unterschätzen. Die Mauern um die Dörfer am Donaustrand sind ein steinernes Symbol ihrer Wehrhaftigkeit und entsprechen dem Drang, ihren Willen durchzusetzen und das Wilde auszusperren. Und so sitzt er dann hinter der Betonwand, der Niederbayer, davor rauscht das Wasser hinab Richtung Österreich, soll's sich doch dort breitmachen. Und nur zwei einfältige Paddler erinnern diese Mauern für einen kurzen Moment ein wenig mehr an Gefangenschaft als an Freiheit.

Über den **Deich** und in den Bayerischen **Wald**

Hinter dem Damm ein kleines Dorf, eher eine Ansammlung von Gehöften. Die Kirschbäume an der schmalen Straße haben an ihren Früchten schwer zu tragen. Weite Mais- und Getreidefelder, ein kleiner Friedhof, ein leidender Jesus schaut gequält in den Himmel. Hinter den Äckern erhebt sich der Bayerische Wald, und vor uns erstrecken sich gut und gern zehn laufende Meter Kartenmaterial über dem kurzgemähten Rasen des winzigen Campingplatzes. Eine blaue Schlange windet sich über das Papier, und neben dieser Schlange stehen in schwarzen Ziffern und Buchstaben Kilometerangaben, Nebenflüsse, Ortschaften. Es ist die ursprünglich handschriftliche Aufzeichnung des gesamten Flusses, von der Slowakei bis zum Schwarzen Meer. Diese drei Karten sind für uns ein Hauptgewinn, mindestens so wertvoll wie die Schatzkarten der Abrafaxe, der Comichelden unserer Jugend, und mit einer ebensolchen abenteuerlichen Ausstrahlung. Die zigfach gefalteten Blätter sind ein Geschenk von Marianne, die glaubt, dass wir die Karten gut gebrauchen könnten, denn der Fluss sei noch lang.

Wir stehen vor ihrem Wohnwagen, der sich durch zahlreiche Um- und Anbauten schon längst von einem mobilen Heim zu einer festen Bleibe entwickelt hat. Alles strahlt weißblau, neben dem gepflegten Domizil weht am Mast die bayerische Fahne, Blumen quellen aus den Töpfen. Die uns beschenkende Marianne ist schon die gesamte Donau entlang gepaddelt, in der Urlaubszeit, Abschnitt für Abschnitt. Im Raum hinter ihrer Eingangstür sind die Wände mit Dutzenden Wimpeln, Urkunden, Tafeln und Fotos verkleidet. Erinnerungen an die einzelnen Stationen ihrer Donaureisen, Erinnerungen an ihren Mann, mit dem sie nun, nach vielen gemeinsamen Streifzügen und noch mehr Jahren der Ehe, in Trennung lebt. Es ist vorbei mit ihnen, sie teilen nur noch Vergangenheit. Wir stehen etwas hilflos herum, es wollen einem nicht die richtigen Worte dazu einfallen, vielleicht gibt es die ja auch gar nicht. Marianne ist voller Stolz über diese Erinnerungen, stolz auf einen Mann, der nicht mehr da ist und doch als Urkunde, Wimpel oder Bild an der Wand hängt. Sie ist müde und traurig. Jedes dieser Souvenirs in dem kleinen Raum erscheint plötzlich als hämischer Gruß aus einem anderen Leben, doch Marianne grüßt bestimmt immer seltener zurück. Nach ihrer Pensionierung wurde aus der Wochenendresidenz eine feste Bleibe, Dauercamping als Lebensentwurf sozusagen. Sie wollte hierher ziehen, auf den kleinen Platz hinter dem Donaudeich. Entweder man liebe ihn oder man liebe ihn nicht, diesen Fluss, der sich keine hundert Meter entfernt gemächlich vorbeidrückt. Der Fluss, der durch die vielen Reisen Teil ihres Lebens geworden ist, der sie immer auch an ihren Mann erinnern muss, der sich jedoch auch ständig verändert, nie der gleiche ist. Dann zeigt uns Marianne noch ihren neu angebauten Raum. Er ist hell, modern und gemütlich, die Wände sind frei von Wimpeln und Urkunden. Es ist ihr Raum, vielleicht ihr neues Leben.

Zum Bayerischen Wald, hoch in die Berge, mal einen Überblick gewinnen! Der Weg führt entlang der Kirschbäume vorbei an Jesus und an den Mais- und Getreidefeldern, weiter durch kleine Dörfer mit feinen Häusern und schließlich über hügelige, weite Wiesen, immer leicht bergan. Der Himmel hängt ganz tief und ist grau, dunkelgrau. Auf halber Strecke hüpft auf einmal ein kleines Kreuz hinter dem kahlen Horizont auf und ab. Dann ist es verschwunden, dann hüpft es wieder. Schließlich steigt es über die Hügelkuppe und wird immer länger. Am unteren Ende des Kreuzes taucht ein Kopf auf und an dem hängt ein ganzer Mensch, der sich, von vielen anderen Menschen gefolgt, vorwärts bewegt. Wie eine riesige Raupe schiebt sich die Menschenmenge über die Hügel, genau in unsere Richtung. Später erfahren wir, dass die gläubige Christen hier auf dem Weg von Bernried zur Kirche

Weißenfels sind, um gutes Wetter von Gott zu erbeten, eine Schönwetterprozession quasi. Innerhalb der Raupe gibt es eine klare Rangfolge. Die Männer laufen vorweg, Frauen und Kinder hinterher, alles ist fest geregelt. Die Menschen sind gut gekleidet, doch sie alle schauen recht ernst drein. Trotz des ehrbaren Zweckes scheint die Veranstaltung niemandem besondere Freude zu bereiten. Dann fängt es an, aus dem dunkelgrauen Himmel heraus zu regnen. Düsterer kann Wetter kaum sein. In solchen Momenten fällt es schwer, den Verlockungen des praktizierenden Christentums zu widerstehen, doch wir sind tapfer und wandern weiter über nasse Felder, lassen die riesige Prozessionsraupe hinter uns und schlüpfen in einen vor Nebel dampfenden Wald hinein.

Stille. Kein Vogelgezwitscher, kein Piep, nichts, nur die gedämpften Tritte unserer Schuhe. Schmale Fichten stehen dicht aneinander und erheben sich bis in den grauen Himmel. Je weiter wir aufsteigen, desto ruhiger wird es. Immer wieder schauen bucklige, dunkle Felsen zwischen den Bäumen und den mannshohen Farnwedeln hervor. Im Nebel werden daraus schrullige Wesen, die im Moment ihrer Entdeckung regungslos verharren, bis wir wieder weiter weg sind, dann gehen sie dem nach, was sie schon seit vielen Jahrhunderten in diesem Nebelwald so treiben und unterhalten sich in einer seltsamen Sprache, die vielleicht der der einheimischen Menschen ein bisschen gleicht. Weiter oben im Wald bricht die Sonne plötzlich durch das Kronendach mächtiger Buchen (vielleicht war die Prozessionsraupe doch erfolgreich?), die Umgebung erstrahlt in sattestem Grün.

Wir erreichen den höchsten Punkt, einsam steht dort ein sieben Meter hoher, steinerner Aussichtsturm, dem seine Burg abhanden gekommen scheint. Der Nebel hat sich verzogen und die Donau ist in der Ferne kaum auszumachen. Schmal schlängelt sie sich als silbernes Band von rechts nach links durch die platte Landschaft. Die bewaldeten Berge des Bayerischen Waldes liegen wie ein riesiger, dunkelgrüner Teppich mit tausenden Falten neben und hinter uns. Auf dem einsamen Turm begegnen wir Hans, der sich vortrefflich in der Gegend auskennt. Ein froher Wanderer, wie er in diesem Buche steht. Wir schauen mit ihm in die Weite, und er deutet uns die Umgebung. Beim Abstieg erzählt er von seiner Funktion im örtlichen Wanderverein, er hat eine Patenschaft für jenen Wanderweg übernommen, den wir gerade mit unseren Füßen treten. Das macht Hans gleich noch sympathischer, denn so ein bayerischer Wanderweg hat wahrscheinlich keine Angehörigen, er liegt Tag und Nacht im Wald herum, und so erscheint es mir als überaus nette Geste, dass er nun einen Paten hat, der regelmäßig nach ihm schaut.

Im Wirtshaus Menauer treffen wir dann auf einen von Hans' Freunden und Wanderbrüdern, den Ludwig. Gemeinsam sitzen wir am Tisch und trinken nach dem Marsch ein gutes Bier. Bis zu diesem Moment glauben wir, den hiesigen Dialekt zumindest ansatzweise zu verstehen, doch als Hans und Ludwig sich zu unterhalten beginnen, blitzen nur noch einzelne Silben und kurze Wörter aus dem Dunkel ihrer Sprache hervor.

Vorherige Seite: Marianne vor ihrem Domizil
Folgende Seiten: Erstes Licht über der Donau / Die Wanderbrüder Hans
und Ludwig / Passau an etwa der Stelle, wo sich Donau und Ilz vereinen

Ganz dazwischen: Das schöne Passau

Alexander von Humboldt soll Passau zu den sieben schönsten Städten der Welt gerechnet haben. Das sagen die Passauer zumindest, vielleicht flunkern sie ja dabei ein wenig. Die Fahrt hierher führt durch eine malerische Landschaft mit seichten Hügeln, saftigen Weiden und vereinzelten Gehöften. Und unter riesenhaften Autobahnbrücken hindurch, entlang an lauten Fernstraßen und Bahngleisen und neben dröhnenden Motorbooten. Krach macht Hektik. Die vorbeiziehende Landschaft passt nicht zu dem Lärm, den sie ertragen muss und es lärmt über weite Strecken gewaltig. Wäre Humboldt heute mit dem Kanu auf dem Weg nach Passau, würde er sich an so mancher Stelle die Ohren zuhalten.

Doch Passau ist dann wirklich schön. Es fällt schwer, etwas anderes zu behaupten. Grüne Wälder ziehen sich bis zur Donau hinunter, eine Hängebrücke führt über das Wasser in die alte Stadt. Vor der untergehenden Sonne zeichnen sich die spitzen Dächer der eng am Ufer stehenden Häuser, die verschiedenen Türme und der Dom ab. Musik weht auf dem Fluss herüber, vor den Schenken sitzen die Leute. Die Stadt selbst erscheint wir eine Insel, wie ein großes, ankerndes Schiff zwischen den Strömen Donau und Inn. Und wie die Sonne nun untergeht und sich der Tag mit dunkelblauem Licht auf die Nacht vorbereitet, wähnen wir uns viel südlicher, vielleicht irgendwo in Italien.

Am Ufer zieht gerade ein Angler einem kleinen Fisch den Angelhaken aus dem Schlund und schickt das Wasserwesen zurück in den Fluss. Voller Freude über das zurückgewonnene Leben schwimmt dieser stromaufwärts, über ihm kreuzt die Hängebrücke, doch im Grund unter ihm befindet sich ein geheimer Gang, der von der alten Innenstadt zum anderen Ufer führen soll. Die Geistlichen konnten sich so der Wut der Passauer bei Volksaufständen entziehen, von denen es wohl einige gegeben haben muss, sonst hätte sich so ein aufwändiges Bauprojekt wohl nicht gelohnt.

Ob es stimmt? Der Angler lächelt verschmitzt und blickt mit funkelnden Augen durch seine schmale Designerbrille. Schweigend steht er an der Ufermauer, die Glut seiner Zigarette glimmt auf, die Musik hört auf, Menschen klatschen. Es wird wieder stiller, der Fluss treibt lautlos vorbei. Der Angler, Helmut Hartl, strahlt in dieser lauen Nacht vor Zufriedenheit. So steht der vielleicht Mittvierziger in Shorts und Schlappen, schaut auf das andere Ufer, wo nach und nach die Lichter angehen, und erzählt von sich und Passau, vom Wandel und von dem was bleibt. Von den schönen und weniger schönen Seiten, vom immer währenden Auf- und Niedergang dieser Stadt, die eigentlich nicht nach Bayern passt, aber auch nicht nach Österreich, sondern irgendwo dazwischen liegt. Und so sprechen wir über Fremde und Heimat über Reise und Ankunft. Er könne und wolle von diesem Ort nicht lassen, es sei sein Platz, sein Leben. Das alles hört sich in diesem Moment einfach nur schön an, nicht schnulzig, nicht behauptend und nicht nach Halt heischend, sondern echt. Eine schöne Stadt an der Donau. Ein Mensch, der eine Heimat hat und dieses Glück zu schätzen weiß.

Durch die
SCHLINGE

Die versteinerte Nixe Isa steht am linken Ufer und zeigt uns die kalte Schulter. Sie ist die Schwester der Loreley und wohnte hier einst auf einer Insel in der Mitte des Stromes und tat jeden Tag, was eine Flussnixe eben so tut und sah sicher recht bezaubernd dabei aus. Zwei Tipps gab uns Helmut Hartl aus Passau mit auf den Weg: hinter der Schleuse Jochenstein gäbe es ein ausgezeichnetes Wirtshaus mit Fischspezialitäten und weiter die Donau hinunter, schon in Österreich, lebt ein alter Zillenbauer, der die Donaukähne noch aus Holz baut, einer der letzten seiner Art.

Die Insel der Nixe ist nicht mehr da, denn Menschen bauten hier eine hässliche Schleuse mit hohen Mauern aus Beton, sie verbauten den ganzen Fluss, sperrten ihn, nahmen ihm die Strömung und vertrieben so die Nixe Isa. Doch statt sie wenigstens in der Fantasie der Menschen weiterhin am Leben zu lassen, kamen die kühnen Konstrukteure auf die Idee, das Abbild des Wesens in Form einer Statue in Stein zu hauen und neben die Schleuse an Land zu stellen.

Wir kommen hier nicht raus, große Steine und hohe Mauern verhindern einen Landgang, kein Wirtshaus, keine Fischspezialität, nichts. So schauen wir die einst schöne und nun versteinerte Nixe fragend an. Eine Nixe an Land. Für so viel Gemeinheit sollten diese Menschen mit einem Fluch belegt werden, doch eine Nixe ist keine Hexe und so sitzt sie jetzt zickig am Ufer und schaut noch nicht mal mehr in Richtung Wasser – vertrieben, der Heimat beraubt und in Stein gefesselt. An so einem Platz mag keiner lange bleiben, so hält uns in Bayern jetzt nichts zurück und nach einem weiteren Kilometer überfahren wir die Grenze. Und da wir östlich gefahren sind, sind wir jetzt in Österreich.

Kilometer 2220

Und wieder ist der Fluss ein wenig breiter geworden. Rechts und links erheben sich Berge voller dichter Wälder. Wir paddeln durch eine weite Schlucht in Richtung Freizell, denn da soll er ja leben, der Holzbootbauer. Ich schaue auf mein Holzpaddel, wie es immer wieder in der Donau versinkt, ein Stück mit ihr geht und dann durch die Luft nach vorn saust. Wenn es abermals eintaucht, macht es dabei keine Geräusche, es ist einfach perfekt. Ein Stück Holz, wunderbar geformt, in diesem Moment eine der größten Errungenschaften der Menschheit, eines der schönsten Dinge, die Menschenhände herstellen können. Wie schön muss erst ein ganzes Boot aus Holz sein? Hergestellt in alter Tradition, nach überlieferten Plänen. Und so freue ich mich auf die Begegnung mit dem Bootsbauer. Während wir immer weiter unsere perfekten Holzpaddel im ewigen Rhythmus senken und heben, stelle ich mir den tüchtigen Handwerker vor und er erscheint mir als ein älterer, gutherzig dreinblickender Tischler, natürlich. Da es Samstagnachmittag ist, sitzt er mit seiner gutherzigen Frau im schattigen Garten bei Kaffee und Kuchen und freut sich über den unerwarteten Besuch aus der Ferne. Und so werden wir an den Tisch gebeten, der Blechkuchen mit Schlagobers schmeckt phänomenal, wir reden über das Wetter und den Fluss und dann, da er unser Interesse an seiner Kunst deutlich spüren kann, macht sich der Meister auf, um die Tore seiner alten Schreinerei aufzusperren und uns in die geheimnisvolle, längst vergessen geglaubte Kunst des Donau-Holzzillenbaus einzuweihen.

Es ist, als würden die Pforten der Erleuchtung geöffnet. Das Sonnenlicht fällt durch die Seitenfenster auf die staubigen Holzdielen, jede Menge Werkzeuge hängen an der Wand, alles strahlt in Honigtönen, fast kann ich diesen magischen Duft vernehmen, das Bouquet der Hölzer und Öle, der Lacke und Leime.

Diese Episode sollte womöglich genau an dieser Stelle enden, mit diesem wunderbaren Duft einer alten Schreinerei, mit der seligen Atmosphäre einer alten Werkstatt, denn bis jetzt klingt sie recht gut, meine Vorstellung vom Holzbootbauer an der Donau. Doch ich vermute, dass du, geneigter Leser mehr über unsere Begegnung erfahren willst. Nun, so sei es – doch falls du es vorziehst, meine Vorstellung von der Zusammenkunft mit dem Bootsbauer so zu erhalten, überspringe einfach die nächste Seite. Ich würde es tun.

Wir gelangen nach Freizell, dem Sitz der Holzbootschreinerei und versuchen anzulanden. Doch jedesmal, wenn wir an einen Steg herangepaddelt sind, müssen wir ein darauf befindliches Schild lesen, welches uns darüber informiert, dass unserem Wunsch nach Landgang nicht entsprochen werden kann, es sogar verboten ist, weil dies ein privater Platz sei. So fahren wir von einem verbotenen Steg zum nächsten und kommen einfach nicht an Land. Uns dämmert, dass Schilder mit Kombinationen der Wörter *Privat* und *Verboten* wohl das Gegenteil von *Herzlich* und *Willkommen* bedeuten und wundern uns über diesen Empfang.

Zu allem Übel haben wir auch noch mit den Wellen der Motorboote zu kämpfen, die immer wieder lärmend an uns vorbei rauschen und dabei einen stinkenden Nebel zurücklassen. Aber die richtige Enttäuschung folgt erst. Bis zu diesem Zeitpunkt bin ich davon ausgegangen, dass man eine ordentliche Holzzille rudert, bei rechtem Wind vielleicht segelt. Dass man sich in ihr dahintreiben lässt, mit seiner Liebsten und einem prall gefüllten Picknickkorb an Bord. Dass man mit einer langen Stange die Zille durch den Morgennebel stakt, um zu den Fischnetzen oder an das andere Ufer zu gelangen. Doch manche Menschen haben anscheinend anderes mit diesen schönen Booten vor, sie suchen keine Stille, vielleicht brauchen sie auch auf dem Wasser den Gestank und den Lärm, von dem sie täglich in ihrer Stadt umgeben sind. So bauen sie grölende Motoren an das Heck dieser wunderschönen Holzboote, laden ihre Familie ein und knattern dann über das Wasser. Brüllend versuchen sie sich zu unterhalten, doch der Motor ist meistens zu laut und so können sie nur mit spitzem Finger auf das kleine rote Kanu mit den zwei Paddlern und dem Hund deuten, welches gerade von ihren Wellen kräftig durchgeschüttelt wird.

Die Besatzung des Paddelbootes erreicht jedoch schließlich das Firmengelände des Bootsbauers, und ein kleiner Hafen davor lässt in ihnen die Hoffnung aufkommen, sicheren Fußes an Land zu gelangen. Aber auch hier ziert die Einfahrt ein Schild mit der Wortkombination *Privat* und *Verboten*. Für einen kurzen Augenblick gibt die Hafeneinfahrt den Blick auf das dahinter liegende Gelände frei: Vor einer flachen Halle lagert Holz in großen Stapeln, einige Holzzillen liegen direkt davor. Mehr als ein Dutzend Autos stehen daneben, verschiedene Menschen besichtigen die honiggelben Zillen. Diese Menschen leihen sich eines dieser Boote aus, werfen den Motor an und lärmen los. Neben dem Verkauf scheint der Verleih der hölzernen Motorboote ein gutes Geschäft für den Bootsbauer zu sein, denn es brausen viele seiner Boote flussauf- und flussabwärts. Und so verschwindet die Schönheit des Holzes hinter dem Lärm und Dreck. Meine romantische Vorstellung vom Bootsbauer an der Donau löst sich in ölgesättigten Abgasen auf. Wir treiben am Hafen des Bootsbauers vorbei, sind nicht erlaubt, an Land zu gehen. Und wir wollen auch nicht mehr.

So bin ich ein wenig enttäuscht, von der eigenen Vorstellung getäuscht worden zu sein. Und enttäuscht von den Menschen, die glauben, ein schönes Boot benötige einen lauten Motor. Wie oft bricht man auf, um dann plötzlich festzustellen, etwas anderes erwartet zu haben. Aber das ist vielleicht auch das eigentliche Wesen einer Reise, auf unerwartetes zu treffen, somit doch auch eine Reise ins Unbekannte zu unternehmen, weiße Flecken auf der eigenen Karte der Erfahrungen zu tilgen. Der Karte, die glücklicherweise endlos erscheint, da man sich ja selbst ändert, da sich Menschen ändern.

Aber auch das nicht Erlebte, das nicht Eingetroffene, das Unerfüllte, das nur Vorgestellte, kann eine schöne Erinnerung werden, oder?

Auf halbem Wege zwischen Passau und Linz, da wo der Fluss zweimal hintereinander seine Meinung ändert und um die Ecke fließt, wo steile Hänge dem Ausblick suchenden Wanderer den Atem rauben, wo in aller sommerlichen Unruhe der Umgebung eine beruhigende Stille und Langsamkeit herrscht, wo die Sonne erst spät aufgeht und früh verschwindet, wo die großen Schiffe langsam fahren müssen, weil der Fluss sich biegt und windet, da befindet sich ein zauberhafter Ort, die Schlögener Schlinge. Und mittendrin, dort, wo sich das Land schmal in den Fluss hineinzieht, genau unter der Burgruine Haichenbach liegt eine Au, eine Flusshalbinsel. Es leben freundliche und tüchtige Menschen auf dieser Au, sie verdienen ihr Brot und was sie sonst noch zum Leben brauchen, mit dem Betrieb einer kleinen Fähre, die radelnde Besucher und Wanderer über den Fluss bringt. Und sie betreiben auf einem alten Hof eine Heurige, eine Schankwirtschaft in der Getränke und Mahlzeiten aus eigener Produktion feilgeboten werden.

Hinter der Heurigen der Familie Pumberger, unter den Obstbäumen, krabbelt ein Reisender aus einem kleinen Zelt. Sein Begleiter ist schon Stunden zuvor aufgebrochen, um die Landschaft im frühen Licht des Morgens mit seinem Fotoapparat einzufangen. So denn, denkt sich der Reisende, erstmal ein ordentliches Frühstück in der Wirtschaft bestellen. Vielleicht werde ich dann ein wenig in mein Reisetagebuch schreiben, vielleicht auch nicht, der Rest wird sich schon ergeben. Und so geht er zum Hof hinüber und bestellt sich ein Käsebrot und dazu einen halben Liter Apfelmost. Der reisende Autor ist zwar schon viel herumgekommen, doch weiß er nicht, dass hier der Most ein anderer ist als der Fruchtsaft seiner Kindheit. Und dieser Most schmeckt ihm ganz vorzüglich, wobei er sich ein wenig über den herben Geschmack wundert, doch der Durst lässt ihn das große Glas zügig leeren. Erst jetzt kommt ihm in den Sinn, dass in dem Trinkgefäß mehr war als nur der Saft von

Vorherige Seiten: Blick stromaufwärts, Richtung Wesenufer / Schlögener Schlinge,
die Au in der Mitte / Reicht links und rechts bis zum Ufer: Der Wald der Nibelungen
Linke Seite: Obstwiese auf der Au, hinter der Heurigen Pumberger

47

Äpfeln, wie sie über seinem Zelt reifen. Der Most enthält einen ordentlichen Anteil Alkohol, denn es ist ein Wein, ein Apfelwein oder in der Sprache der Einheimischen eben ein Most. »Na sowas«, spricht der Reisende zu sich und freut sich darüber, wieder etwas gelernt zu haben – obgleich es ihm ein wenig schwummerig wird und er beschließt, sich nach diesem Mahl erst einmal auszuruhen. Als der Fotograf nach seiner anstrengenden Bergtour zurück kommt, findet er den Bruder unter den Obstbäumen faul ruhend.

Doch dieser meint nur träge, dass man sich auch einmal entspannen müsse und gäbe es dafür einen besseren Ort, als diese schattige Wiese? Das sieht der Bruder recht schnell ein, und beide sagen sich, dass dieser Ort viel zu schön sei, um ihn schon wieder zu verlassen. So bleiben sie einige Tage auf dieser Insel österreichischer Ruhe, genießen Schinken-, Käse- und Topfenbrote, trinken frische Milch vom Bauern und bestellen schmunzelnd auch noch das eine oder andere Glas Most, allerdings nicht mehr zum Frühstück.

Eine Karte ist gut, doch ein richtiger Flusslotse ist noch viel besser und so freuen sich die beiden Reisenden, den Christian auf der Au zu treffen, denn der ist ein richtiger Flusslotse. Er ist ein sanftmütiger Mensch, spricht voller Ruhe, fast leise und wählt seine Worte ganz genau. Christian hat den ganzen Fluss gesehen, schon oft, wahrscheinlich kennt er ihn besser als jeder andere Mensch. Erst erwarb er das Donau-Kapitänspatent, später wurde er Lotse, führte die großen Frachtschiffe bei Tag und Nacht sicher durch alle Passagen des Flusses. Mit der Fertigstellung des Rhein-Main-Donau-Kanals reiste er noch weiter. Über den Rhein mit seinen modernen Schiffen und schicken Städten, bis zur Nordsee, nach Rotterdam – einem Tor zur Welt. Und dieses Tor stand ihm weit offen. So beendete er seine Anstellung als Lotse und begann das Reisen. Er war in Amerika und Mexiko, besuchte Jordanien, Syrien, Ägypten und Israel. In den Arabischen Emiraten genoss er die Gastfreundschaft eines Wüstenscheichs, überhaupt war der zurückhaltende Österreicher überall herzlich willkommen,

Vorherige Seiten: Blick von der Burgruine Haichenbach /
Christian, nach einem langen Tag auf der kleinen Fähre

denn er interessierte sich wirklich für die Menschen und die Menschen interessierten sich für ihn. Doch er kehrte immer wieder nach Österreich zurück, zurück an seinen schönsten Fleck, der Schlögener Schlinge. Hier steuert er zusammen mit dem jüngeren Kollegen Michael die Radfähre über den Fluss, von morgens in der Frühe, bis zum späten Abend, wenn längst der kühle Schatten das Tal bedeckt hat. Im Herbst schaut er sich nochmal seinen Fluss an und übernimmt als freier Lotse Spezialtransporte auf der Donau, danach zieht es ihn wieder in die Ferne. Und da es ihm sowohl hier als auch in der weiten Welt so gut gefällt, lud er eines Tages all die Leute ein, die er auf seinen Reisen kennen und schätzen gelernt hatte. Und viele kamen nach Österreich, zur Schlögener Schlinge, auf die Au.

Die Gäste kannten sich untereinander nicht, doch alle waren mit Christian befreundet und so fiel es ihnen leicht, aufeinander zuzugehen. Denn der Freund eines Freundes ist ja schließlich ein eigener Freund. Sie verbrachten gemeinsam schöne Tage an diesem märchenhaften Platz, Menschen die alle miteinander verbunden waren, ohne sich vorher zu kennen. Und jeder mochte diesen Ort mit drei Seiten Donau, das Gehöft mit einfacher Küche, die Ruhe und Herzlichkeit der Menschen, den herrlichen Blumengarten, die Obstwiesen und die langen Stapel mit gespaltetem Feuerholz für die kalte Jahreszeit. Dieses Feuerholz wird jedoch den Christian nicht wärmen, denn er geht wieder auf Reisen, vielleicht nach Südafrika, da war er noch nie. Ob das nächste Mal wohl auch ein Südafrikaner zur Schlögener Schlinge kommen wird?

Schweren Herzens verlassen wir die Au, aber der Sommer ist kurz und die Reise noch lang, wir müssen weiter. Es folgt eine Fahrt durchs Nibelungenland. Die beeindruckende Landschaft konnte die Nibelungen offenbar nicht beglücken, und auch wenn sie viel von Liebe sangen, schlugen sie sich schließlich gegenseitig die Köpfe ein. Das faszinierte wiederum einen Österreicher aus Linz, der besser ein mäßiger Architekt geworden wäre, doch später nach Deutschland ging, um von den Menschen Nibelungentreue zu fordern. Zu unermesslicher Macht und Reichtum gekommen, ließ er dann die Nibelungenbrücke über die Donau errichten. Und so steht sie da, nicht schön, dafür aber groß und laut. Nun kann die Stadt ja nichts für ihre Kinder und auch nichts für ihr Äußeres, doch Linz ist vom Wasser aus gesehen wirklich alles andere als schön. Es wirkt kalt und fremd, hässliche Gebäude protzen in den Himmel. Glatte Fassaden, wohin man schaut, das dunkle Hochhaus der Energie-AG heißt *Power Tower*, das passt. Es gibt aber auch noch einen *Terminal Tower*, und einen *City Tower 1*. Hinter der Stadt dann das große Industriegebiet mit rauchenden Schloten und der große Donauhafen. Die Ufer verbaut, die Menschen in ihren Motorbooten rücksichtslos. Wieder kommen wir nicht an Land, fast könnte man glauben, das Land wolle uns an manchen Orten nicht. Wir fahren aus Linz heraus, landen erst spät an einem kiesigen Strand an und gehen nach dem Essen in der dunklen Donau baden. Endlich ist es am Fluss wieder still, wir denken an die Au in der Schlögener Schlinge.

~

»Die Wachau, der Flussabschnitt etwa zwischen Melk und Krems, gehört zu den schönsten Abschnitten der Donau überhaupt. Auf den nur 35 Kilometern entfaltet sich eine einzigartige Landschaft. Die rechte Seite wird vom Wald bestimmt, die linke von den terrassierten

Das Warten auf den Waller. Fährmann Michael hofft auf den großen Fang, auf den Waller aus der Tiefe. 53
Er bleibt bis spät in die Nacht, schläft zwischendurch ein, wird von der Klingel seiner Angel geweckt, packt
zusammen und geht auf sein Zimmer in der Heurigen. Bis zum nächsten Abend, der Waller schläft nie.

Weinbergen. Darin liegen malerische kleinere und mittlere Orte sowie Wehrkirchen und Burgen. Vieles davon ist von besonderer Schönheit und architekturhistorischem Wert«, meint Hinnerk Dreppenstedt in unserem bereits arg mitgenommenen Kreuzfahrtreiseführer und trifft damit ganz gut ins Schwarze. Hätte ich nur zwölf Seiten weiter gelesen, so wäre ich auf den interessanten Fakt gestoßen, dass der Ort Dürnstein – das ist dann wohl die »architekturhistorische« Hauptstadt der Wachau – zwar erfreulicherweise nur sechshundert Einwohner hat, jedoch jährlich von mehr als einer Million Touristen heimgesucht wird.

Au backe, denke ich und wundere mich, was all diese Menschen hier wohl suchen. Nun ist das Zelt auf dem gut gefüllten Campingplatz gegenüber der Stadt bereits aufgebaut und naja, vielleicht ist ja hier gar nicht soviel los, ist ja schließlich Mitte Juli, Nebensaison sozusagen. Am Abend streife ich auf der Suche nach einer Million Touristen und einem Schoppen Wein durch die Gassen des Ortes. Seltsamerweise treffe ich kaum Menschen, vielleicht sind die Massen gerade damit beschäftigt, die Nachbarstadt zu überfallen, vielleicht gibt es sie auch gar nicht. Die Geschäfte haben schon alle geschlossen, was nicht weiter schlimm ist, sie bieten allerlei Mitbringsel, regionale Schnäpse und Marmeladen feil, nichts, womit ich unseren Reiseproviant ordentlich aufbessern könnte. Und so strahlen die dicken Mauern an diesem Abend große Ruhe aus. Am Ende einer mit klobigen, dunklen Steinen gepflasterten Gasse schaut ein auf einer Bank sitzender älterer Mann über die Donau in Richtung Süden. Für ihn muss es wie die Kulisse eines Märchens wirken, ein sehnsüchtiger Ort, dessen Magie allerdings erst am Abend erwacht, wenn die meisten Menschen längst gegangen sind. So wirkt es auch auf mich.

Richard Löwenherz hat möglicherweise diese romantische Umgebung ausführlich genossen, saß er doch längere Zeit oberhalb des Ortes in einer Burg in Gefangenschaft und hatte so jede Menge Muße, über das Donautal zu blicken. Schließlich wurde er im Tausch für

Vorherige Seite: Mythenland, Wein und Berge der Wachau, dazwischen liegt die Donau
Linke Seite: Blick über den Fluss, Richtung Rossatz
Folgende Seite: Dürnstein, Augustiner-Chorherrenstift, darüber die Reste der Burg

einen riesigen Silberschatz freigelassen, und ein halbes Jahrtausend später kamen die wilden Schweden und sorgten mit ihrer Art der Umgestaltung dafür, dass Dürnstein nun noch sagenhafter aussah, denn sie schlugen die Burg zu der Ruine, die sie heute ist.

Am Ufer des Flusses hat ein seltsames Gefährt angelegt, ein teilweise überdachtes Floß, an der Seite steht *Mathilde*. Die Besatzung besteht aus zwei Frauen und einem Mann, in Windeseile ist das Floß mit einem dicken Tau festgemacht und dann spielen die drei auf, mit Klavier, Violine und Akkordeon. Die Töne fliegen über das Wasser, die Wachau beginnt zu klingen und die Donau steuert mit den ans Ufer klatschenden Wellen ihren Teil zu dieser Sinfonie bei. Badende Menschen kommen heran geschwommen, andere laufen zum Ufer herunter, jeder wundert und freut sich gleichermaßen über die Wassermusikanten. Der eine oder andere gibt eine Münze und dann legen sie auch schon wieder ab, sie wollen weiter bis nach Krems und dort ihr Glück versuchen. Dann nach Wien und noch die ganze Donau hiunter, so wie wir. Und ich hoffe auf ein Wiedersehen mit *Mathilde* und ihrer Besatzung.

Wien mag lange Zeit die Hauptstadt des Heiligen Römischen Reiches gewesen sein

und gilt selbstverständlich als eines der kulturellen Zentren Europas. Und ganz gewiss ist es auch politisch betrachtet eine Stadt von internationalem Rang und Namen. Und Wien ist vielerorts prächtig und mancherorts überaus schön. Doch eines ist Wien ganz sicher nicht: eine Stadt an der Donau. Wien ist die große Stadt neben der Donau.

Stadt und Fluss finden einfach nicht zueinander. Ganz früher war das einmal ein wenig anders, da wollte die Stadt zum Fluss und die Wiener gruben extra einen Seitenarm – den *Donaukanal* – um an dem vor den Toren der Stadt vorbei strömenden Gewässer Anschluss zu finden und in Verbindung zu treten. Der Fluss war zu jener Zeit noch eine urwüchsige Erscheinung. Er hatte Hauptströme und viele Seitenarme, Auen, Bruchwälder und Inseln. Die Donau war eine Ansammlung von Wasserläufen, die, wenn auch getrennt voneinander, das Wasser gleichen Ursprungs führten und in die selbe Richtung strömten. Sie war ein Vielstrom. Doch die Stadt wuchs rasant und fraß sich hungrig in alle Richtungen, auch zu den mäandernden Strömen der Donau. Wenn der Fluss jetzt über die Ufer trat, so breitete er sich nicht mehr auf den Wiesen aus, sondern in den Kaffeestuben der Wiener, denen das freilich gewaltig missfiel. Und so machten sie sich auf, die Wasser zu bändigen. Das Land wurde gewonnen und die Flüsse gingen verloren. Die kleineren Arme des Stromes wurden amputiert, sie wurden abgegraben und trockengelegt. Das Wasser wurde in ein schnurgerades Bett gepresst, es entstand eine schnell strömende Linie, der der Name *Donau* verliehen wurde. In den achtziger Jahren des zwanzigsten Jahrhunderts erhielt der Donaustrom noch eine lahme Schwester, die *Neue Donau*, die zwar neben dem Hauptfluss liegt, jedoch von Toren gesperrt ist und noch nicht einmal strömen darf. Nur ein einziger Arm des Urflusses blieb existent, wenn auch vom fließenden Wasser abgeschnitten und scheinbar gezähmt, erinnert er auf der Karte gesehen daran, wie sich der Fluss in alten Zeiten wand. Das als *Alte Donau* bezeichnete Gewässer bot und bietet den Wienern die einzig echte Berührung mit dem Fluss. Alle anderen Ströme der Stadt sind fast durchgehend in Wände aus grauem Beton gefasst. So leben Fluss und Stadt weiterhin nebeneinander her, wenngleich das Gewässer heute durch die Mitte Wiens verläuft. Beide wollen wohl nichts voneinander wissen, es scheint eine unglückliche Ehe, in der man sich bestenfalls miteinander arrangiert hat. Und die Menschen der Stadt? Natürlich kann man sich dem Charme mancher Wiener nicht entziehen, den es trotz seiner abgegriffenen Klischeehaftigkeit nämlich gibt, so wie den richtigen Wiener selbst auch, er arbeitet als Ober im Café Engländer im ersten Bezirk. Sowohl Charme als auch Kellner sind bisweilen entsprechend grantig, doch dabei stets unaufgeregt und am Ende des Diktats wieder versöhnend. »I hoabs ihn doch g'sagt, maine Herren«, spricht der Ober in der maßgeschneiderten Weste sodann, und ja, er hatte uns vorher gesagt, dass es kaum Sinn mache, an einem der Tische vor dem Café speisen zu wollen, da es bald regne. Und es beginnt selbstverständlich zu regnen, kaum dass wir mit dem Essen begonnen haben. So bleibt uns nur übrig, mit gesengtem Haupt und halb vollen Tellern in der Hand Abbitte zu leisten, auf dass uns der Ober mit leicht hochgezogenen Brauen einen Tisch im voll belegten Caféhaus organisiert. Doch freilich nicht, ohne uns noch einmal an unsere Fehlbarkeit zu erinnern: »I hoabs ihn doch g'sagt, maine Herren«.

Es ist kälter geworden, es regnet weiter und es stürmt so sehr, dass wir kein Auge zubekommen. Über dem Zelt wankt eine mächtige Linde und versucht verzweifelt sich mit ihren knorrigen Ästen auszubalancieren, eine dicke Seiltänzerin in stürmischer Nacht. Uns wird ein wenig bang unter dem ächzenden Baum und so ziehen wir zu später Stunde aus dem Zelt aus und in das uns offen stehende Vereinshaus des Ruderclubs *Normannen Wien* ein. Wohl dem, der gute Menschen trifft. Bereits bei unserer Ankunft wollten uns die Herren des Ruderclubs unbedingt überzeugen, in ihrem Heim zu nächtigen, fast hielten sie es für eine Pflicht, einen ehrlichen Kameradschaftsdienst, doch uns genügte die Wiese davor.

Jetzt, im schweren Unwetter, mitten im Dunkeln, nehmen wir ihr Angebot zwar verspätet, aber umso dankbarer an und betreten mit unseren Schlafsäcken über den Schultern die große, doch schlichte Villa. Der Dielenboden knarrt, quer durch den geräumigen Clubraum hängt eine Wimpelkette mit den Farben befreundeter Vereine, in einer Jugendstil-Vitrine werden die errungenen Sportpokale vor dem Staub der Zeit geschützt. Der ganze Raum gleicht einer Galerie, die Wände tragen dutzende Urkunden und Bilder aus der Geschichte der Normannen. Jedes Bild befindet sich in einem anderen Rahmen, die meisten Aufnahmen sind alt, darauf im Ruderboot sitzende, athletische junge Männer, Donauruderer. All die strahlenden, schwarz-weißen Gesichter an der Wand, die alte Gründungsurkunde, das ganze Haus selbst konserviert die Tage des Aufbruchs und die Idee einer Gemeinschaft, den Wunsch einer Gemeinschaft. In der vielleicht einhundertjährigen Haus wirkt alles wie aus einer anderen Epoche, vielleicht verlangsamt sich innerhalb dieser Mauern die Zeit.

Auf den bunten Fotografien sind die Ruderer meist schon älter, auch tauchen häufiger Frauen darauf auf, oft sind es Gruppenaufnahmen von Ausfahrten und Reisen. Die Ruderer stehen darauf dicht beieinander vor verschiedenen Donaukulissen, vor einem Meer, in Venedig. Die Gesichter sind gealtert, doch viele strahlen immer noch.

Draußen muss der Fluss jetzt vor Gischt schäumen, sich mit dunklen Wellen buckeln und geradezu unter den zehn Wiener Donaubrücken hindurch schießen. Wir legen uns zwischen die Stühle und Tische des Clubraums auf den Holzboden, sehen an den Wänden im schwachen Licht die Galerie der Donauruderer und lauschen dem Sturm, der unablässig vor den Fenstern tobt.

Kilometer 1978

Wien und der vierteilige Fluss: Die Donau (links), die Alte Donau,
die Neue Donau und der Donaukanal (oben)

Auf der stillen
DONAU

Von Wien nach Bratislava, der Hauptstadt der Slowaken, ist es nur ein Katzensprung. Der Fluss ist
durch den Regen der letzten Tage schnell geworden.
Auch uns drängt es vorwärts, und so durchfliegen
wir die siebzig Kilometer von einer Metropole zur
anderen, am rechten und linken Ufer sausen weite
Auwälder vorbei. Am Nachmittag erscheint am Horizont ein großer, mit weißen Häusern gepunkteter
grüner Hügel, nach der nächsten Biegung zeigt sich
eine imposante Festung, die Burg Bratislava – ahoj,
wir sind schon da.

Mit den Tschechen und den Slowaken verbinde ich kindheitsbedingt nur schöne, wilde Abenteuer (und dreckige Ortschaften und jede Menge Industriequalm, das gehört in meiner Erinnerung irgendwie dazu). Wir besuchten immer wieder Freunde in der ČSSR, wie die Tschechoslowakische Sozialistische Republik der Kürze halber auch offiziell genannt wurde. In Sachsen, unserer alten Heimat, sprach man freilich nur von den *Dschächen* und meinte damit alle Ethnien, die zwischen Děčín und den äußeren Ostkarpaten siedelten, für uns war das immer eins. Stets waren wir bei unseren Freunden in der ČSSR willkommen, meist fanden große Gesellschaftsjagden in den angrenzenden Wäldern statt und immer wurde lange gefeiert. Viel interessanter war, dass Lars und ich mit den Söhnen der Gastgeber unterwegs sein konnten, und die durften trotz ihres überaus jugendlichen Alters schon mit der Schrotflinte schießen. Zum Schrotflinteschießen ging also die gesamte Bande – und es war eine richtige Bande – auf den nahe gelegenen Schrottplatz, und dann erklärte sich einer der Burschen bereit, Glasflaschen einzusammeln und auf Kommando in die Luft zu werfen. Milosz, der älteste der Jungs, verstand sich vortrefflich darauf, die hochgeworfenen Flaschen mit dem Schrotgewehr aus der Luft zu schießen. Es knallte, die Flasche zerbarst in kleine Stücken und die Luft war voller Qualm, denn die Gewehre wurden immer gut geölt. Wenn man mit den Geschichten von Karl May aufgewachsen ist, gibt es für einen Jungen definitiv nichts Beeindruckenderes; der Krach, der Geruch von verbranntem Öl und Schießpulver, der Wilde Westen im tiefsten Osten. Und so durfte dann auch Lars mit der Schrotflinte schießen, mich hielt man noch für zu jung, obwohl ich damals schon in die zweite oder dritte Klasse ging. Wie es wohl jetzt in diesem Land aussieht?

Von der Stadt in den Dschungel

Bratislava ist heute eine moderne Stadt mit wunderbar alter Architektur. Im Gegensatz zu Wien haftet der Metropole keinerlei Schwermütigkeit an und sie entzieht sich auch der chronischen Katerstimmung ihres österreichischen Pendants. Vielleicht aber ist das Wetter hier nur einfach viel schöner. Bratislava wirkt frisch ohne aufgeregt zu sein. Am Ufer hinter der Burg legen wir an und treffen Jana Kmiťová, eine sportliche, junge Frau.

Ihre blauen Augen mustern uns und unsere seltsame Ausrüstung, und wieder einmal ist es Flicka, die die Menschen erkennen lässt, dass wir nichts Böses im Schilde führen und recht harmlos sein müssen. So hilft uns Jana, einen Zeltplatz für die Nacht zu finden, und wir kommen langsam ins Gespräch. Wie es sich hier in Bratislava an der Donau lebt, frage ich, und sie erzählt uns ein wenig von den letzten zwanzig Jahren, in denen sich alles geändert hat, für sie und ihre Familie nur zum Guten. Die Region hat wirtschaftlich einen gewaltigen Aufschwung erlebt, ihr Mann arbeitet im nahe gelegenen Volkswagen-Werk, sie ist Chemieingenieurin, beide zählen wohl zu jenen Menschen des Landes, die die Wende und die Zeit danach weniger als Zusammenbruch denn als Öffnung erlebt haben. Immer wieder entschuldigt sie sich während des Gespräches für ihr schlechtes Englisch und ringt nach Worten. Wir lachen über Missverständnisse, sie ist beeindruckt von unserer Reise und ich bin es von ihrem herzlichen Wesen.

Ihr einfaches Haus steht nicht weit entfernt vom Ufer, und fast ein wenig stolz zeigt sie uns die deutlich über der Eingangstür liegende Hochwassermarkierung aus dem Jahr 2002. Die

Donauflut war so gewaltig, dass sie nur im ersten Stock wohnen konnten und schließlich für zwei Wochen zu den Nachbarn ziehen mussten. Anschließend bauten sie alles neu auf. Ob man nach so einer Katastrophe nicht überlegt, hier wegzuziehen? Nein, sagt sie, darüber hätten sie nie nachgedacht, sie blieben hier am Fluss, man müsse mit ihm leben können und sie könnten es. Am nächsten Morgen überreicht sie uns ein von ihrem kleinen Sohn gemaltes Bild mit einem Drachenboot darauf und erklärt uns die weiteren Kilometer auf der Donau. Wir schieben unser schwer beladenes Boot ins Wasser, und in diesem Moment ahne ich schon, dass die Donau sich gerade wandelt und ein anderer Fluss wird, sie wird ruhiger, geselliger und schöner, vielleicht wird sie gerade etwas slowakisch.

Einige Kilometer außerhalb der Stadt rollen wir mit unserem Kanu über Land, um vom großen Schifffahrtskanal in die alte Donau umzusetzen. Auf ihr können nur kleine Boote fahren. Sollen die großen Schiffe doch auf dem begradigten Fluss bleiben und immer geradeaus fahren, uns interessieren die Seitenarme und Irrwege. Ab hier teilen sich die Slowaken mit den Ungarn den flott strömenden Fluss. Vor uns liegt ein faszinierendes Gewirr von Nebenarmen, Sümpfen, schnellen Bächen und Auwäldern, richtiger Donaudschungel. Die Dörfer liegen weit ab und im Schutze alter Deiche. Zum ersten Mal hören wir nichts, nichts störendes zumindest. Es ist wunderbar still. Das Wasser schlängelt sich durch die Wälder, Seitenarme zweigen ab und wieder ein, wir bewegen uns mit dem Strom. Paddeln erscheint jetzt wie selbstverständlich als die passendste Art der Fortbewegung. Nach dem Mittagessen lege ich mich unter große Pappeln und der schwache Wind lässt ihre Blätter rascheln. Fast kann ich jedes einzelne davon hören, und so sehr ich mich anstrenge, ich vernehme nichts, was mir nicht gefällt.

Kilometer 1854 Nicht weit entfernt stoppen wir für die Nacht. Es ist der einzig besiedelte Platz weit und breit, der in der Karte verzeichnet ist. In Bratislava wurde uns dieser aus einer Hand voll Häusern zusammengesetzte Ort empfohlen, die hiesige Kneipe sei zwar dreckig, das Bier aber kalt und wohlschmeckend. Na dann. Anlanden, Zelt aufbauen, Erkundungsmarsch zum Dorf. Die knappe Beschreibung der gastronomischen Einrichtung erweist sich insgesamt als treffend, wobei der findige Betreiber des Lokals auch eine Lebensmittelabteilung integriert hat. Und so sind die Regale des kleinen Kabinetts mit jeder Menge Nahrungsmitteln vollgestopft, dazwischen brummen mannshohe Kühlschränke mit Cola, Milch und verschiedenen Sorten Bier.
Über mir rotiert ein Ventilator und sorgt dafür, dass sich die stickige, heiße Luft gleichmäßig im flachen Raum verteilt. Zwei ältere Gestalten lümmeln an einem der drei Tische und lassen sich durch mein Erscheinen nur kurz vom dröhnenden Fernseher ablenken. Ab und an trinken sie aus ihren Bierkrügen, die im Laufe dieses Tages wahrscheinlich schon oft und im Laufe der letzten Jahre nahezu unendlich oft gefüllt und wieder geleert wurden. »Alkohol is a Luada«, hatte uns der Michael am letzten Abend auf der Au in der Schlögener Schlinge mitgegeben. Vielleicht hätte das jemand den beiden schon vor einigen Jahren sagen sollen. Nun sitzen sie da und saufen ohne Sinn und Verstand, in dieser schäbigen Kaschemme mitten im Nirgendwo. Sie haben sich, ohne es selbst zu wissen, wahrscheinlich längst vom Leben verabschiedet – obwohl sie ja einfach mit einem kleinen Boot oder mit

71

Vorherige Seiten: Das letzte Licht des Tages über der Alten Donau, der stillen Donau – Blick auf das ungarische Ufer /
Ausgedientes Flussschiff mitten im nirgendwo / Stadtansicht: Die Burg Bratislava spiegelt sich im Fluss
Oben und folgende Seite: Die Donau, wie sie auch an anderen Abschnitten früher einst war: Dichte Auwälder reichen bis ins
Wasser, die Strömung ist flott, ein Gewirr von Strömen und Bächen, ein Vielfluss. Könnte sie doch nur öfter so sein!

einem Floß auf dem Fluss, der hinter den vergilbten Gardinen vorbeizieht, davonfahren könnten. Doch als schließlich der Kellner, beziehungsweise Verkäufer, aus dem Hinterzimmer an den Tresen tritt, sorgt er ungewollt für eine Aufheiterung der Stimmung. Er ist vielleicht Anfang zwanzig und macht einen athletischen Eindruck, vor allem wirkt er hoch motiviert und fragt mich sogleich freundlich auf Englisch, was ich benötige. Doch was an seiner Erscheinung am meisten heraussticht, ist das kleine Schildchen an seinem T-Shirt. Darauf steht sein Name. Jeder kennt diese Schilder von Messen oder vom Personal der Fast-Food-Läden. So halten in dieser düsteren Kneipe im Urwald der Donau die aberwitzigen Insignien der globalen Servicegesellschaft Einzug. Und möglicherweise erfreut es die beiden Stammgäste ja jedesmal aufs neue und voller Überraschung, den Namen des Menschen zu entziffern, der ihnen die vollen Krüge vor die rot geäderten Nasen setzt.

Hinter Palcovic, irgendwo in der weiten, flachen Landschaft, steht am Strand ein nur mit Shorts und Sonnenhut bekleideter Mann und beregnet ein großes Sieb mit einem Wasserschlauch. Sein dicker Bauch kommt nicht in den Genuss des von der breiten Hutkrempe gespendeten Schattens, doch das stört den Mann nicht, er schaut konzentriert auf den im Sieb dahinrieselnden Sand. Er ist Goldsucher. Langsam lassen wir uns vorbeitreiben.
Zu gern würde ich anhalten und ihm über die Schulter schauen, doch Goldsucher lassen sich nicht allzu gern über die Schulter schauen. Nach meinen bisherigen Erkenntnissen haben sie sogar eine richtige Allergie gegen Überschulterschauer wie uns. Wir winken ihm zu und er grüßt knapp zurück und schippt dann frischen Sand auf die Apparatur. Ein einsamer Goldsucher an der Donau. Wenn ich es mir recht überlege, sind Goldsucher seltsame Gesellen, von einem gierigen Hunger getrieben, den sie doch nie stillen können, der sie immer einsamer macht und nie frei. Gold, so denke ich in diesem Moment, ist wahrscheinlich das ganze Gegenteil von dem, was wir suchen.

~

Wir gelangen mit unserem Kanu in die nächste Stadt, eine Stadt der Grenzen, die doppelte Stadt Komárno-Komárom. Die beiden Schwestern sind durch die Kartografie ferner Großmächte seit über neunzig Jahren voneinander getrennt. Der Fluss dazwischen wurde als politische Grenze hergenommen, doch erfreulicherweise wissen wir, dass Politiker Städte und Menschen nicht wirklich trennen können. Links ist nun das slowakische Komárno, rechts das ungarische Komárom, beide Orte sind zum Glück mit einer Brücke verbunden.
Und in beiden Städten leben weiterhin Ungarn und Slowaken zusammen, die Straßenschilder Komárnos sind vorsichtshalber auch zweisprachig beschriftet. Das Ufer der ungarischen Seite ist von Gebäuden gesäumt, die als der Inbegriff sozialistischer Funktionsarchitektur gelten können. Zwei- bis dreistöckige Wohnblocks und Bürogebäude mit flachem Dach, genau die gleichen Typen wie die Plattenbauten unserer verschwundenen Heimat, noch teilweise mit dem gleichen grauen Putz versehen. Daneben ragen viereckige Schornsteine in den blauen Himmel. Der Osten Europas beginnt genau hier.
Der langsam aus dem Leim gehende Reiseführer meint dazu, dass diese Stadt unter »touristischen Gesichtspunkten aber keinen Abstecher wert« sei. Ja, zum Glück sind wir keine Touristen, nein, wir sind Entdecker oder so etwas ähnliches und machen uns nun auf, das Land der Donauschwaben zu entdecken.

Vom
KNIE
nach Buda und Pest

Ein kleiner Ort, rechts der Donau, da, wo der Fluss einen Knick macht. Obwohl wir nun in Ungarn sind, sprechen hier viele Menschen einen seltsamen, deutschen Dialekt. Oder ist es gar eine eigene Sprache? *Mir komme mit Sackl un Packl*, sagt Herr Schubauer. Genau wie wir, denke ich. Doch wie kommen all die Schwaben nach Ungarn?

Vor dreihundert Jahren wurde das Holz rings um Ulm langsam knapp und so mussten sich die Schwaben etwas einfallen lassen, um weiterhin die Donau herunter fahren zu können. Bis dahin verwendeten sie dafür Flöße aus Baumstämmen, die jedoch nur wenig Nutzlast transportieren konnten und viel zu viel Wald kosteten – eine effizientere Lösung musste her, und so wurde das Donau-Einwegschiff erfunden. Aufgrund seiner eher schlichten Schönheit von den Württembergern abschätzig Schachtel genannt, was die Schwaben jedoch wenig kümmerte, denn sie hatten eine wichtige Mission zu erfüllen.

Die Habsburger Regenten hatten gerufen, neue Leute brauche das Karpatenbecken, da seien die tüchtigen Schwaben herzlich willkommen (nachdem die türkischen Truppen in dieser Gegend keinen Stein auf dem anderen gelassen hatten und alle Menschen vertrieben waren). So wurde kräftig um frisches Blut geworben und einige Schwaben, Österreicher und Menschen anderer Länder, die selber nichts hatten und somit auch nur gewinnen konnten, fuhren mit Sackl und Packl und jeder Menge Hoffnung auf der Ulmer Schachtel die Donau hinunter. Bei Kilometer 1699 machte die Donau einen rechtwinkligen Knick und brach durch ein sanftes Gebirge. Wahrscheinlich hörte es in diesem Moment auch noch auf zu regnen und die Sonne vergoldete plötzlich die Landschaft, jedenfalls meinte der Schachtel-kapitän, dass es hier an diesem Donauknick, diesem Knie, doch wunderschön sei und es mit der Schifffahrt ja auch langsam reiche. Da er so umsichtig war, wie es nur ein richtiger Kapitän sein kann, hatte er auch gesehen, dass aus den Steinen der ruinösen Burg hoch über dem Fluss ja vortrefflich die neuen Häuser errichtet werden könnten. Die Grundsteine der neuen Siedlung waren damit schon da, jetzt mussten sie nur noch gelegt werden. So hielt die Schachtel am rechten Ufer an und neben den Familien Rauch, Rechtaller, Rothmund, Scheili, Schilk und Schmidt fanden auch die Schubauers eine neue Heimat und alle wurden, ganz gleich welcher Herkunft, in diesem Moment zu Donauschwaben.

Vorherige Seiten: Ein gepflegtes Haus mit idyllischem Garten und der Fahne von Visegrád – hier sind Donauschwaben zuhause / Blick stromaufwärts: Das Donauknie und der Ort Visegrád (»Hohe Burg«) am linken Ufer Links: Herr Schubauer / Folgende Seite: Die Ruine der Burg Visegrád

81

Die Donauschwaben blieben in Visegrád unter sich, andere Menschen waren ja auch nicht da und so kultivierten sie eine ulkige Sprache. Dreihundert Jahre später rollten dann zwei reisende Burschen mit ihrem Kanu – einer roten Schachtel auf Rädern – durch die kleine Stadt und suchten eine sichere Unterkunft für ihr Mobil, denn sie wollten hoch zur alten Burg, um herauszufinden, ob die Donau hier von oben betrachtet tatsächlich einem Knie gleiche. So trafen sie auf Herrn Schubauer, der wie seine Eltern und deren Eltern und zehn Elterngenerationen davor ein richtiger Donauschwabe war. Er hatte die Fahne der Donauschwaben an seinem Haus und er sprach auch noch die Sprache seiner Vorfahren.

Die beiden baten ihn um eine Fotografie, denn einen echten Donauschwaben wollten sie sich nicht entgehen lassen. Als der Herr Schubauer die Aufnahme auf der Rückseite der Fotomaschine sah, staunte er nicht schlecht und freute sich: »Joa da schau moal'on, ai scheuner oider mahn. Ich bin schon jetzt siemunsiebzig vorbei, joa, iss schoa guat«. Und er erklärte ihnen noch viele Sachen über die kleine Stadt und die Donauschwaben, von denen die beiden nicht alles verstanden, aber doch eine Menge begriffen. Nachdem ihr Boot sicher im Garten des Donauschwaben geparkt war, machten sie sich auf den Weg zur Burg über der Stadt. Im kleinen Ort erstanden sie als Wegzehrung noch einige Kolbász, würzige, wunderbar schmeckende, geräucherte Würste sowie etwas Brot. Und dann stiegen sie immer bergauf, durch die dichten, nebeligen Buchenwälder, bis sie die alte Burg auf der Anhöhe gegenüber sahen. Es war schon spät geworden, und so bereiteten sich die beiden und ihre treue vierbeinige Begleiterin ein Lager für die Nacht. Am nächsten Morgen wollten sie die Burg erkunden, in der auch schon Vlad Drăculea genächtigt hatte, der Mann, dem man nachsagte, ein Vampir gewesen zu sein. Doch das kümmerte alle drei nicht besonders, denn sicherlich hatten die Vorfahren von Herrn Schubauer sich der Sache vor langer Zeit bereits angenommen und den dunklen Fürsten und all seine Geister mit brennenden Fackeln und spitzen Mistgabeln ein für allemal aus ihrer neuen Heimat vertrieben. Ganz bestimmt.

Gulasch und die Schönheit der Nacht

Rechts oder Links? Wir entscheiden uns für links und lassen die längste Insel der mittleren Donau für die nächsten zweiunddreißig Kilometer rechts liegen. Wir paddeln gegen Budapest. Meine Erwartungen an diese Stadt sind groß, wahrscheinlich viel zu groß, aber unsere Flussbekanntschaften haben über Budapest bisher nur gutes berichtet, besonders bei Nacht wäre das Flair der Metropole, naja, sagen wir mal, extraordinär. Mit jedem Paddelschlag male ich mir die Stadt in den schönsten Wasserfarben, Budapest wird eine ganz tolle Sache, ein richtiger, urbaner Höhepunkt, bevor es – abgesehen von Belgrad – für die nächsten eintausendsiebenhundert Kilometer, mal zurückhaltend ausgedrückt, eher ländlich wird. Da eilt der Walachei ja ihr Ruf schon weit stromaufwärts voraus. Und obwohl wir auf dieser Reise bisher nicht viel zu entbehren hatten, wollen wir es uns in Budapest so richtig gut gehen lassen, die Annehmlichkeiten der Zivilisation noch einmal so richtig auskosten, bevor wir weiter stromabwärts ziehen.

In den nächsten Stunden treffen wir immer mehr Leute auf dem Fluss und müssen ab und an schwimmenden Köpfen und den dazugehörigen Körpern im Fluss ausweichen. Es ist wieder heiß, die Ungarn haben Ferien und so trifft man sie hier, am Fluss vor der Hauptstadt der Donau. Auch die Ortschaften am Ufer rücken immer dichter zusammen. Als wir mit dem Kanu schließlich in die große Stadt hineinpaddeln, werden wir auf einmal von einem geräuschvollen Durcheinander begleitet. Es wird merklich lauter, die Hektik der vielen Menschen, ihrer Autos und ihrer Straßenbusse schwappt über die steinernen Ufer und stählernen Brücken in den Fluss hinein. Dort konkurrieren Ausflugsdampfer und Lastschiffe um jeden Meter Donau. Freudlose Angler baden ihre Köder im trüben Wasser. Sie haben längst die Hoffnung aufgegeben, einen wirklichen Fang zu machen, doch eine Donaustadt ohne Angler scheint gleich gar keine Stadt, daher stehen sie wohl stumm an der Mole – Stunde um Stunde, Tag um Tag. Wir schlängeln uns an Booten und Brückenpfeilern vorbei, auf der Suche nach einem Platz zum Anlegen. Solchen Trubel kennen wir schon seit Wien nicht mehr und hatten ihn fast vergessen.

Lars streift los, auf der Suche nach einer Unterkunft für die Nacht. »Den Zeltplatz gibt es nicht mehr, den hat die Flut im Mai mitgenommen«, sagt ihm Maria, die junge Lehrerin. Wir könnten bei einem ihrer Freunde unterkommen, der hat ein großes Schiff am Ufer gegenüber liegen. Doch da wir gerade in der ungarischen Hauptstadt Budapest sind und es dazu noch Sommer ist, wird auf dem Schiff kräftig gefeiert, so wie überall in der Stadt, denn es ist ja schließlich Sommer und wir sind ja schließlich in Budapest, logisch! Oder wir könnten eine kleine Hütte mieten, an der Duna Bázis, schlägt Maria vor. Klingt gut, ist gebongt und wir legen ab, um den Fluss zu queren und diese Basis anzusteuern.

Kilometer 1689 Der Chef der Duna Bázis heißt Weisz Ferenc – auf der Rückseite seines Shirts steht in großen Lettern BIG BOSS – und er wartet bereits, um uns an Land zu empfangen und zu seinem Unternehmen zu führen. Auf einer schlammigen Straße geht es vorbei an hohen Stahltoren und stacheldrahtbewehrten Zäunen, über schmale, mit Brettern verkleidete Gänge. Die Umgebung erinnert an ein Gewerbegebiet für Autoschieber oder das inoffizielle Hauptquartier anderer gemeiner Schurken, die am Rande der Stadt unerkannt leben wollen.

Andererseits sollte man sich nicht von Stacheldraht und verbarrikadierenden Zäunen und runtergekommenen Verschlägen beeindrucken lassen, oder? Wir folgen durch einen schmalen Gang, Musik hämmert immer lauter, und schließlich sind wir da, in der Donau Basis, im Reich des BIG BOSS. Es ist ein ehemaliger, heftig heruntergekommener Sportclub. Der Investor entschied sich nach der Übernahme dieser Immobilie für ein alternatives Geschäftsmodell und funktionierte die Einrichtung zu einem Freizeitpark im Miniaturmaßstab nebst Hüttenvermietung um. Warum auch nicht? Spaß geht immer und wohnen müssen die Menschen auch irgendwo. Und da gerade Sommer ist und wir in Budapest sind, steht die uns offerierte Hütte genau zwischen zwei Lautsprechern, beide sehr groß, beide sehr laut. Schreiende Kinder, lachende Menschen, der Platz ist von dutzenden Budapestern in Badebekleidung bevölkert, alle außer Rand und Band. Direkt vor unserem kleinen Häuschen wird sackgehüpft, stelzengelaufen und taugezogen, begleitet von einer hochmotivierten Animateurin am Mikrofon, daneben ein kleiner Pool, in den die Menschen zur Abkühlung immer wieder hinein hüpfen. Überall stehen alte Metallstühle, die aus dem Inventar einer Schule stammen könnten. Für dreihundert Forint – etwa ein Euro – kann man eine Stunde Tischtennis spielen oder die alte Hüpfburg malträtieren. Unter einer breiten

Überdachung werden riesige Kessel mit Fleisch und Kartoffeln erhitzt, die Kinder trinken Cola, die Erwachsenen starten mit Bier und werden später zu Schnaps übergehen. Dazwischen wieselt der beschäftigte Weisz Ferenc, von einer Spaßstation zur nächsten eilend. Als wir uns mit dem Gepäck und Flicka den Weg zur Hütte bahnen, freuen sich einige in der Menge über die unerwartete Einlage der drei lustig anzuschauenden Gestalten.

Der ekstatische Höhepunkt der Veranstaltung wird an diesem Nachmittag um 17 Uhr in Form eines Karaokewettbewerbes zelebriert. Dafür versammeln sich Budapests musikalische Hoffnungen etwa fünf Meter von unserer Terrasse entfernt und gehen blitzartig zum vokalen Angriff über. Und eines muss man den Gästen der Duna Bázis zugestehen, trotz hohen Alkoholpegels und harter Konkurrenz geben sie so schnell das Mikrofon nicht ab. Hat der Budapester sich erstmal eingegroovt, so fällt ihm unter der Anfeuerung des begeisterten Publikums auch noch eine dritte und vierte Strophe ein. Und trotz der betäubenden Lautstärke klingt das gar nicht mal so schlecht.

Irgendwann haben alle genug Sonne, Karaoke, Bier, laute Musik, Gulasch und Beifall abbekommen, die Menge lichtet sich und das Aufräumen beginnt. Später, als es still und dunkel wird, knipst jemand die quer über dem Park hängenden Lichterketten an, und das Licht der bunten Glühbirnen verzaubert diesen herrlich verrückten Ort.

Mit Bus und Metro in die Innenstadt. Wir drängen zwischen Menschen aus uns fremden Ländern (als Reisendem kommen einem irgendwie alle Länder fremd vor, in denen man gerade nicht ist, selbst das eigene Heimatland) über die Kettenbrücke und schauen auf unseren Fluss. Rechts Buda, links Pest, der graue Himmel hat beide fest im Griff. An den Donaukais haben dutzende Restaurantschiffe auf unbegrenzte Zeit festgemacht und warten auf hungrige Kundschaft, so wie schon letzte Woche und so wie auch nächste Woche. Die Innenstadt ist alt und schön, ein Netz aus langen, breiten Straßen, gesäumt von protziger

Links: Der graue Fluss und Budapest
Folgende Seiten: Weisz Ferenc in der Duna Bázis / Budapest
bei Einbruch der Nacht, die schöne, die verführerische Stadt

87

Repräsentationsarchitektur aus österreich-ungarischer Zeit. Wir könnten jetzt genauso gut in Wien oder Prag stehen, es würde kaum einen Unterschied machen. Alles wirkt auf uns kolossal, aber nicht tief beeindruckend. Es bleibt eine bloße Kulisse für die Augen und Fotoapparate der vielen Besucher. Auf dem Rückweg zu unserem Freizeitpark gehen wir entlang der Donau. Neben einem eingezäunten Betriebssportclub haben Obdachlose ein kleines Wäldchen mit Blick auf die Donau in Beschlag genommen. Sie leben in einfachen Zelten, ähnlich dem unseren und unter Bauplanen, irgendwo lodert ein Feuer, ein roter Schnellzug rattert über eine nahe Brücke. Etwas weiter steht neben der von großen Werbeschildern flankierten Autostraße ein Angler am Fluss. Sein Köder treibt zwischen hunderten Plastikflaschen, Tüten und anderem Müll im Wasser. Die Großstadt macht uns müde, vielleicht kommen wir bloß mit den vielen Menschen und dem Lärm nicht zurecht, vielleicht wollen wir das auch gar nicht.

Man sollte Budapest nur bei Nacht besuchen, dann ist sie die Schöne an der Donau, die Verführerische. Und nur so versuche ich sie auch in Erinnerung zu behalten.

»Gulasch ready, you come!«, ruft uns der BIG BOSS am Tag unserer Abreise zu und lädt so zu Tisch. Zum Nationalgericht gibt es scharfe Paprikas und frisches Weißbrot, es schmeckt fantastisch. Heute ist es ruhig in der Duna Bázis, kein Karaoke, niemand springt ins Schwimmbecken, fast hört man die Donau hinter den hohen Zäunen vorbei strömen. Beim Abschied steht Weisz Ferenc noch lange am Steg, winkt, bis wir hinter der nächsten Flussbiegung verschwunden sind. Menschen machen Städte. Sie geben ihnen Charakter und Ausstrahlung, lassen sie in besserem Licht erscheinen, selbst wenn diese zuerst nur groß und grau am Fluss auftauchen. Wir reden noch lange über Weisz Ferenc, paddeln langsam aus Budapest hinaus, unser Besuch war auf seltsame Weise schön, wenn auch ganz anders als vermutet.

Dann zeigt die Donau einmal mehr ein neues Gesicht. Kilometer um Kilometer fahren wir durch ein stilles Land, kleine Dörfer tauchen auf und verschwinden wieder, die Wälder reichen bis in den Fluss hinein. Der Fluss streckt sich nun in Richtung Süden, Landschaften ziehen vorbei, die Zeit verliert sich. Früh am Morgen sitzen wir schon im Kanu und paddeln den ganzen Tag, am Abend haben wir dann Mühe, einen Platz für die Nacht zu finden. Die Wälder an den Ufern sind nicht selten überschwemmt. Manchmal fahren wir ein Stück durch sie hindurch, vorbei an dicken Stämmen, an denen sich das Wasser plätschernd scheidet, unter der Wasseroberfläche wedeln lange Grashalme. Hinter den Auen liegen große Wiesen, unser Zelt schaut immer Richtung Wasser. Es sind weniger Schiffe unterwegs, der Himmel wird weiter, blaue Wolken spiegeln sich am Abend in der Donau, der Horizont leuchtet gelb. Die Schönheit des Flusses in einem einzigen Moment.

Puszta und Paprika

Links der Donau: die Puszta. Über Jahrhunderte gab es hier wirklich nichts. Kein Baum, kein Strauch, nichts außer weites Land, es war das Schleswig-Holstein der Ungarn, nur noch übersichtlicher und ohne Meer. Wirklich, überall war nichts, doch davon jede Menge.

Ganz früher einmal wuchsen hier viele Wälder, aber da es immer eine arme Bauerngegend war, gab es darüber hinaus nur wenige Ortschaften oder richtige Häuser, geschweige denn amtliche Burgen oder prächtige Sakralbauten. So hatten die Osmanen ihre rechte Not, die Qualität ihrer destruktiven Fähigkeiten unter Beweis zu stellen. Was tun, wenn jahrelanges Belagern, Brandschatzen und Kaputtmachen im allgemeinen mangels Masse nicht möglich ist? In ihrer durchaus flexiblen Art schauten sich die Besetzer um und entdeckten tatsächlich das einzige in dieser Landschaft, dessen Vernichtung einer despotischen Herrschaftsklasse durchaus gut zu Gesicht stünde: den Wald. Krummsäbel wurden zu Äxten umgeschmiedet und eins, zwei, drei – weg war der Forst. Doch dann standen sie da und strichen sich gelangweilt mit der Hand über ihre langen Bärte. Unmut machte sich breit, es gab jetzt wirklich nichts mehr zu zerstören und darauf zu Warten, dass ein neuer Wald emporwächst, ja, dafür hatten sie keine Geduld. So schauten sie Richtung Südosten, und da kein Baum mehr ihre Sicht versperrte, konnten sie den Bosporus sehen und entschieden sich, nach einigen Jahren völkerverbindender Wanderschaft, nun heimwärts zu reiten.

Zurück blieben ein paar Pferde und Kühe und die ungarischen Bauern, die zwar jetzt ihre Freiheit hatten, aber sonst nicht viel, außer ganz viel Platz. So lebten sie über Generationen ein ruhiges Leben in dieser Graswüste, hüteten die Rinder und übten mit ihren Pferden waghalsige Tricks ein, mit denen sie Jahrhunderte später Touristen in ehrfürchtiges Staunen versetzen wollten. Alles in allem ein gutes Leben, doch selbst den entspannten Ungarn war irgendwann in der Puszta viel zu wenig los und so fingen sie an, die Steppe zu bewässern. Und Dank der langen warmen Sommer begrünten nun Wein, Obst und Gemüse das öde Land. Sie kultivierten eine Frucht, die der Inbegriff ungarischer Universalwürze werden sollte und bis heute der wichtigste Exportartikel des Landes ist, die Paprika. So ist man letztlich der osmanischen Dynastie zu großem Dank verpflichtet. Erst sie sorgte für das Nichts, auf dem später das feurige Gemüse gedeihen sollte, welches heute das Fundament der kulinarischen Identität der Ungarn darstellt – ja, vielleicht sogar ihr heimliches Lebenselixier ist.

»Erst zur Grenzpolizei, dann zum Zoll, dann zur Wasserschutzpolizei, dann zum Doktor. Und dann kommen sie wieder hierher.«

Eine schick gekleidete Rezeptionsdame überreicht mir lächelnd einen Zettel, auf dem alle der vier zu durchlaufenden Stationen noch mal aufgelistet sind, hinter jeder Zeile jeweils Platz für einen Uhrzeiteintrag und eine Unterschrift. Es ist Dienstag Vormittag, 11.00 Uhr. Wir sind in Mohács, der letzten ungarischen Stadt am Fluss. Doch wie komme ich zur Grenzpolizei? »Da hinten, den Gang hinunter«, sagt sie. Aha. Ich setze zum Kampf durch die Instanzen an und bewege mich in einem riesenhaften Zollgebäude aus gelben Backsteinen und gefliesten Böden. Genau so stelle ich mir die Zentrale der TÜV-Hauptverwaltung vor. Bei der Grenzpolizei werde ich schon erwartet und erzähle meine Geschichte: Dass wir uns nur an der Grenze abmelden wollen, da wir jetzt mit dem Kanu weiter nach Serbien paddeln. Und in Serbien müssen wir uns dann wohl wieder anmelden, wir reisen ja jetzt ins außereuropäische Ausland, rein politisch betrachtet. Genau so sei es, stellt der untermotivierte Polizeibeamte mürrisch fest. Doch seine erste Frage bringt mich gleich ein wenig aus dem Konzept. Ob wir bergwärts

Vorherige Seite: Der Fluss irgendwo hinter Budapest
Oben: Viel Platz, wenig Menschen, weites Land – die Puszta
Folgende Seiten: Ein Stück serbische Donau / Blitz und Donner über Kroatien

oder talwärts reisen würden, also den Fluss hoch- oder runterpaddeln. Ich überlege kurz, über zweieinhalbtausend Kilometer gegen die Strömung paddeln, wie lange würde man wohl dafür brauchen, mit einem voll beladenen Kanu? Ich warte darauf, dass der Polizist anfängt zu lachen, um mir damit zu verstehen zu geben, dass sie diesen Scherz hier immer mit den Paddlern treiben. Doch er lacht nicht. Er wartet auf meine Antwort. »Talwärts«, sage ich möglichst ernst und er trägt es ernst in ein Formular ein. Na, das kann ja noch heiter werden. »Wer ist der Kapitän ihres Schiffes?« Ich überlege kurz und buchstabiere meinen Namen. Damit wäre dann die Rangfolge auf dem Wasser zwischen mir und meinem Bruder jetzt auch mal offiziell geklärt, Formulare lügen ja nicht. »Der Name des Schiffes?« Herrje, der Name. »Cold Nose« sage ich, denn das steht ja schließlich auf der Seite drauf und gratuliere mir zu meiner Spontanität. 11.17 Uhr. Beim Zoll wird es nach kurzem Warten ein wenig unterhaltsamer, ich überreiche dem Beamten die Pässe, er füllt, ein Lied pfeifend, mehrere Formulare aus, ich stelle keine Fragen, lächle zurück und unterschreibe. »Vielen Dank, gute Reise!«, sagt der lustige Zollmann. Ich weiß absolut nicht, worum es hier geht, verstehe die Bürokratie nicht mal ansatzweise. Es ist 11.32 Uhr.

Station 3: Wasserschutzpolizei. Ich habe einen guten Lauf, der junge Mann hinter dem Tresen hält schon alle Stempel und auszufüllenden Papiere bereit, um 11:42 überquere ich den Gang auf der Suche nach Station 4, dem Doktor. Der Doktor ist eine Frau im weißen Kittel. Ich habe keine Idee, warum ich mich an der ungarischen Zollstation einer ärztlichen Untersuchung unterziehen soll und bin ein wenig unsicher. Man hört ja so allerhand Geschichten. Es wird jedoch harmlos, der freudlose Kittelmensch bittet mich, ein weiteres Formular auszufüllen. In das Feld Anzahl Besatzungsmitglieder trage ich eine bescheidene *2* ein, bei der Anzahl Passagiere eine *0*. Es erscheint mir in diesem Moment schlauer, etwaige Vierbeiner nicht zu erwähnen, da drohen ganz sicher weitere Formulare. So langsam macht sich Euphorie in mir breit, ich bin auf dem letzten Schriftstück bei den untersten Zeilen angekommen. Das Formular fragt mich, wie viele Bruttoregistertonnen unser Schiff vorzuweisen hat. Ich schaue die Doktorin an und erzähle erneut die Geschichte mit dem Kanu zum Schwarzen Meer. Sie zuckt mit den Schultern und tippt mit langem, rot lackierten Fingernagel auf das leere Feld. Das hat was mit Verdrängung zu tun, denke ich und trage einfach mal unser Leergewicht ein: *29 kg*. Das stumme Wesen zeigt sich befriedigt und gibt mir auf meinem Staffelzettel den letzten notwendigen Eintrag. Ich eile zur Empfangshalle zurück und präsentiere selbstsicher alle Unterschriften. Die Rezeptionsdame bittet mich, im Warteraum Platz zu nehmen, bis alle Dokumente für unsere Weiterfahrt fertig gestellt sind. Es ist 11:59 Uhr. Nicht schlecht, denke ich, das hätte ja auch wesentlich länger dauern können, da kommen wir ja heute noch ein ordentliches Stück den Fluss hinunter.

Nach eineinhalb Stunden sitze ich immer noch im Warteraum. Es dauert wesentlich länger. Ich frage die nette Empfangsdame, wann meine Dokumente wohl fertig sein könnten. Jetzt zuckt sie mit den Schultern und fängt an zu telefonieren, geht den langen Gang hinunter, klopft an verschiedene Türen. Kopfschütteln, Ratlosigkeit und schließlich steht die Sache fest – ich kann das große, gelbe Haus einfach so verlassen, Dokumente brauchen wir keine mitzunehmen auf dem Weg nach Serbien. Das war's also. Dieser ganze Wahnsinn und wir bekommen noch nicht einmal ein Papier mit? Nicht einmal ein ganz kleines, abgestempeltes Formular oder die Kopie eines ganz kleinen, abgestempelten Formulars? Was für eine Enttäuschung!

Durchs wilde
SERBIEN

Der breite, ruhige Fluss führt uns unter einem strahlend blauen Himmel über die Grenze, und am Nachmittag legen wir das erste Mal in Serbien an. Über zugewachsene Pfade suche ich meinen Weg zum serbischen Zollgebäude und ende immer wieder vor einer Baustelle. Ein kleiner Hund bellt mich giftig an, Menschen treffe ich keine. Na, das fängt ja gut an, mit uns und Serbien, denke ich.

Kilometer 1460 Da ich mir sonst nicht zu helfen weiß, betrete ich das mit Gerüst und Planen umhüllte Gebäude. Drinnen ist es angenehm kühl, es ist ein richtig altes Haus mit hohen Decken, überall stehen Mörtelbottiche herum. Einsam schreite ich durch das Gebäude. Meine Rufe hallen durch die langen Gänge, doch niemand antwortet. Ich drücke ein paar Türklinken herunter, bis ich schließlich einen möblierten Raum finde, der sich als das stickige Büro des Hafenmeisters herausstellt. Ich werde hereingebeten. Volltreffer! Jedoch wirkt das Zimmer auch auf den zweiten Blick nicht so sehr wie ein Büro, eher wie ein arg mitgenommenes Wohnzimmer aus den sechziger Jahren. Tapeten, Vorhänge, Lampen, Teppich, all diese Dinge sind wie durch einen Zeitsprung oder etwas ähnliches in das neue Jahrtausend gelangt, alles scheint wirklich alt – nur der Fernseher flimmert schon bunt. In jenem beißt gerade ein Reptil einem anderen Reptil stumm den Kopf ab. Der alte Hafenmeister schaut diesem Spektakel einen Moment lang weiter zu, ehe er sich schließlich doch mir zuwendet und mich abschätzend durch eine Brille mit mächtigen Gläsern anschaut.

Er sitzt in seiner lehmgrauen Uniform auf einem lehmgrauen Sessel mit hoher Lehne, beide scheinen miteinander verwachsen zu sein. Die streng zurück gekämmten Haare des Beamten sind grau, ebenso wie seine Haut und unter dem Uniformhemd wölbt sich ein kräftiger Bauch. Vor ihm steht – vom restlichen Einrichtungskonzept deutlich abweichend – ein richtiger Schreibtisch. Darauf einige lose Zettel und ein Aschenbecher, der eine scheinbar ewig qualmende Zigarette hält. Ich versuche mein Anliegen vorzutragen. Doch nach einiger Zeit beginnt der Hafenmeister, seinen Kopf zu schütteln und hört damit nicht wieder auf. Dabei öffnet er leicht den Mund, bläst den Zigarettenrauch ruhig aus und sagt anschließend leise *nema, nein.*

Wie sich herausstellt, soll ich eine Segelyachtlizenz für unser Kanu kaufen. Die kostet fünftausendsechshundert Serbische Dinar, etwa fünfundfünfzig Euro. Dann, ja dann fertige er meine Papiere ab und gehe mit mir zum Zoll und zur Polizei. Alles kein Problem – mit einer serbischen Segelyachtlizenz. Ich verweise freundlich auf die Tatsache, dass unser Boot möglicherweise auf manchen Betrachter durchaus imposant wirken möge (besonders wenn Flicka während der Fahrt mit ihnen Vorderpfoten auf der Reling steht), aber es doch sicher nicht als Yacht zu bezeichnen sei. Auch wird unser Mobil nicht durch die Kraft des Windes oder einer Maschine, sondern ausschließlich der unsrigen vorwärts bewegt. Es nützt alles nichts, das sei hier so geregelt, ohne Segelyachtlizenz kommen wir nicht ins Land. Ich habe nur zweitausend Serbische Dinar, jedoch ausreichend Euro und Geldkarten. Er schaut mich wieder durch seine Buddy-Holly-Brille an und schüttelt langsam den Kopf. *Nema.* Keine Kreditkarten, keine Euros. Überhaupt kein Bargeld. Ich müsse eine Bankeinzahlung vornehmen, die nächste Bank sei zwanzig Kilometer entfernt, landeinwärts. *Nema, nema, nema.*

Dass ich den Hafengeneral überhaupt verstehe, verdanke ich Marjan, der die ganze Sache dolmetscht, denn der Staatsdiener an dieser Außengrenze Serbiens versteht kein Englisch, sagt er zumindest. Marjan arbeitet als Cargo-Disponent für eine private Firma in einem Büro auf dem Hafengelände und hat oft mit dem Beamten zu tun. Wie komme ich jetzt nur an ausreichend serbische Währung und einen Einzahlungsbeleg, wie komme ich zur nächsten Bank? Marjan schaut mich an, zuckt mit den Schultern, grinst und sagt: »I will help you«. Na dann los. Vor dem Gebäude, gleich neben dem Fluss, stehen verschiedene Wagen, wir nehmen den klapprigsten, ein Zastava 128, der serbische Nachbau eines Fiat. Es sei aber eine gute Limousine, meint Marjan, und fast so alt wie er, 27 Jahre. Und so brausen wir von der Donau weg über buckelige Straßen. Die Sonne scheint mild über die vorüberziehenden Felder. Dörfer fliegen vorbei, wir halten an verschiedenen Ecken, Menschen grüßen, dann geht unsere Exkursion durch das Hinterland Serbiens schon weiter.

Schließlich haben wir das richtige Geld, füllen die Einzahlungsbelege aus, besänftigen den Hafenmeister in seiner qualmenden Höhle und besiegen gemeinsam Zoll und Grenzpolizei. Wir kennen uns kaum länger als zwei Stunden und scheinen als Team unschlagbar.

Am Abend sitzen wir gemeinsam auf der überdachten Terrasse einer nahen Csàrda, einer einfachen Schenke am Ufer des Flusses. Wir trinken kaltes Bier und essen den Fisch der Donau. Auf unserer Landkarte gibt uns Marjan einen Schnellkurs in serbischer Geografie, doch uns interessiert vor allem, wie es sich hier lebt. So unterhalten wir uns über das Land, seine scheinbaren Wiedersprüche und die Krisen der letzten Jahrzehnte, den Krieg, das Leben danach und das Leben jetzt. Wir reden noch lange, lachen, fragen uns gegenseitig aus. Bevor wir in unser Zelt neben der Kneipe kriechen, schieben wir noch Marjans »Limousine« an. In letzter Zeit habe das Auto ein paar Macken, meint er grinsend, zuckt mit den Schultern, wünscht uns nochmals alles Gute und braust davon in die Nacht.

Auf unserer Reise durch Ungarn hatten wir gerade die besten Seiten des Paddlerdaseins kennengelernt. Die Landschaft war sehr schön anzusehen, der Fluss noch wild und frei, die Menschen an den Ufern freundlich und entspannt. Sie wussten die Jahreszeit zu genießen und übten sich, in beneidenswerter Hingebung Phlegmatismus zu praktizieren, kurzum paradiesähnliche Zustände. Doch vor dem anstehenden Grenzübertritt nach Serbien trübten sich die Aussichten ein wenig ein. Serbien, das Land der Grenzen und stundenlangen Grenzkontrollen, das Land der nächtlichen Meldepflicht – und wehe dem, der am falschen Ufer anlegt oder gar die falschen Menschen fotografiert. Ich dachte an Menschen in blauen Tarnuniformen, an allgegenwärtigen Militarismus und an bissige Hunde. An Verbote und Verbotsschilder. An kyrillische Wörter, die ich nicht entziffern könnte, weil Russisch in der Schule absolut uncool war und die Welt sowieso Englisch sprach oder Zumindest sang.

Ja, Serbien rangierte auf meiner Top-Ten-Donauländerliste nicht unbedingt ganz oben. Doch das sollte sich auf den sechshundert serbischen Flusskilometern grundlegend ändern, und unsere Begegnung mit Marjan bildet sicher den Anfang dieser Korrektur.

Zwischen Ländern

Gemächlich windet sich der breite, braungrüne Fluss. Das flache Weidengestrüpp der Ufer wächst bis ins Wasser hinein, irgendwann beginnt die Umgebung gleichförmig zu wirken, die Donau kommt zur Ruhe und entspannt sich. Der Fluss ganz nahe am Ursprung. Nichts scheint in dieser Gegend weiter weg als Staatspolitik, doch tatsächlich bleiben wir für die nächsten einhundertfünfzig Kilometer permanente Grenzgänger. Zwei ehemalige sozialistische Brüder, spätere Feinde und Kriegsgegner und jetzt friedliche Nachbarn, teilen sich den

Fluss. Mit unserer Segelyachtlizenz dürfen wir nur in Serbien anlegen und übernachten, der Besuch der kroatischen Seite ist uns legal nicht gestattet. Doch dann tauchen irgendwann am kroatischen Ufer große Gebäude auf und wir planen anzuhalten, mindestens für einen Einkauf, denn in der Bordkombüse herrscht gähnende Leere. Auch treibt uns die Neugier. Erst als wir uns dem der Stadt vorgelagerten Industriegebiet nähern, entdecken wir, dass viele der Gebäude schon lange nicht mehr genutzt werden, sie liegen brach und wuchern von allen Seiten zu. Es sind zerschossene Fabrikhallen, Kriegsruinen. So wird es still in unserem Boot, und wir paddeln in den kleinen Hafen von Vukovar. Über die Stadt dominiert der aufgefetzte und mit Einschusslöchern übersäte alte Wasserturm, drauf weht die kroatische Fahne. Vielleicht sollten Fahnen in dieser Gegend generell abgeschafft werden.

Es ist ein lauer Sommerabend, und die Leute erledigen ihre Einkäufe oder sitzen vor den Cafés. Einige Häuser der Innenstadt liegen immer noch in Schutt und Asche. Der Krieg ist allgegenwärtig.

Wir fühlen uns betäubt, schütteln die Köpfe, als wir wieder im Kanu sitzen und die Stadt hinter uns lassen. Menschen am Ufer winken uns freundlich zu. Es macht keinen Sinn, es ist erstmal nicht zu verstehen. Doch zum Glück haben wir den Fluss.

Noch spät am Abend landen wir in Bačko Novo Selo an, Serbien. Genau am Wasser befindet sich eine stelzbeinige Csàrda, die Wirtin weist uns einen Zeltplatz hinter der Kneipe und neben dem Auwald zu. Das ganze Haus steht auf mannshohen Pfählen, die Donau kommt hier anscheinend oft zu Besuch an Land. Unter der Csàrda, zwischen den Pfosten, liegt allerlei Gerümpel, lange Stangen, Leitern, ein altes Holzboot, Tische und Bänke. Im ersten Stock befindet sich der Gastraum und eine große Terrasse, alles unter dem Ziegeldach, welches so mit Moos bedeckt ist, dass es mehr grün als rot leuchtet. Die ganze Hütte mag in manchen Augen recht schäbig wirken, für uns könnte sie gut in ein Märchen passen, wir sind begeistert. Ein Wind zieht auf, und schon sitzen wir am Tisch mit Blick auf den dunklen Fluss. Zwar hätten wir genug Bordproviant zum Verzehr, doch wir wären Esel, jetzt einsam am Zelt zu hocken und Konserven zu essen. Stattdessen gibt es gebratenen Donaustör mit serbischem Kartoffelsalat und Brot, dazu kaltes Bier aus Apatin, einer Brauerei, nur wenige Flusskilometer abwärts gelegen. Voller Stolz präsentieren uns die Gastgeber die übervollen Teller, in diesem Moment schmeckt es so gut wie nirgendwo sonst auf dieser Welt. Wir schlagen uns die Bäuche voll. Was für ein schöner Ort, was für ein spätes Fest an diesem seltsamen Tag. Und danach gibt es natürlich Schnaps. Der Wind wächst langsam zum Sturm heran und der Gastwirt wird nervös. Wir können doch unmöglich bei diesem Wetter in einem Zelt schlafen! Wir winken ab und sind fast gerührt von seiner Sorge. Doch dann knickt ein ordentlicher Baum keine zehn Meter entfernt von unserem Schlafplatz um, der Stamm zerbricht laut und schlägt lang hin. Nun wird der Wirt richtig wütend. Wir werden auf keinen Fall da unten schlafen, bedeutet er. Stattdessen sollen wir in der Csàrda übernachten, er und seine Frau wären morgen früh wieder da, und schon will er uns den Schlüssel zu seiner Wirtschaft überreichen. Wir kennen uns gerade einmal drei Stunden. Nein, wir wollen den Schlüssel nicht annehmen und auch nicht in der Schenke schlafen, das geht uns zu weit, es erscheint uns zu dreist. Doch der Wirt gibt nicht nach, er erlaube es uns nicht, draußen zu schlafen, und so treffen wir uns wortwörtlich in der Mitte und einigen uns auf die überdachte Veranda. Als die letzten Gäste gegangen sind, rollen wir unsere Isomatten auf den Holzdielen aus. Jetzt gießt es schon ordentlich, und erste Blitze zucken über dem Land und über dem Fluss. Und dann knallt es richtig los, es hämmert herunter, Blitze zerschneiden den Nachthimmel, sie zerfallen in Zeitlupe zu einzelnen Lichtern, dann zerfetzt es die Luft. Und plötzlich muss ich an die kaputten Häuser von Vukovar denken, dabei ist das doch hier nur ein Gewitter.

Rechts: Entlang der serbischen und kroatischen Ufer hat die Donau noch
Platz, überschwemmt große Flächen und fließt zeitweise in die Wälder.

Donaufischer müsste man sein, oder? Noch in der Nacht kommen sie mit ihren klapprigen Autos aus kommunistischer Produktion an den Fluss gefahren. Im Kofferraum befinden sich die kleinen Außenbordmotoren, die schrauben sie an ihre stählernen Zillen, und dann geht es raus auf den Fluss. Die glimmenden Zigaretten in ihren Mundwinkeln gleichen Positionsleuchten in der Dunkelheit. Jeder fährt für sich und brummt den Fluss ein Stück hoch. Dann stellen sie den Motor ab, werfen das Netz aus und lassen sich mit der Strömung vorbeitreiben, den Fluss hinunter, in den dämmernden Morgen. In der Ferne tuckern sie wieder los und kommen zurück zum Ufer. Sie entwirren die Netze, ab und an zappelt ein Fisch darin, dann geht es wieder raus. Später werden sie ihren Fang an den Wirt der Csàrda veräußern, um gleich wieder einen guten Teil des Erlöses in Schnaps bei ihm anzulegen.
In der Mittagshitze sitzen sie dann im Kreis unter einem Dach im Schatten und flicken die Netze. Alles kräftige Männer mit aufrechtem Gang und wettergegerbtem Gesicht. Sie rauchen und erzählen, trinken Schnaps. Ihre groben Hände entwirren und verknoten, ab und zu bricht Gelächter aus. Dann beugen sie sich über den Motorenraum eines der Autos, und wenn nicht gerade ein Wagen in Gang gebracht werden muss, so ist es einer der Außenbordmotoren. Am Nachmittag fahren sie raus, immer wieder, bis es dunkel wird, verkaufen ihren Fang an den Wirt, zuckeln über die schlammige Straße nach Hause, bis zum nächsten Morgen, der für sie schon im Dunkeln beginnt. So haben sie es schon immer gemacht und viele Alternativen dazu gibt es nicht, hier in Bačko Novo Selo.

~

Durch die Stille in die nächste Stadt. In Novi Sad, so hörten wir schon vorher, sei immer ordentlich was los und das war zweifelsohne nicht geschwindelt. Die Menschen der Stadt haben sich für uns etwas ganz Besonderes einfallen lassen, zu unseren Ehren hält die serbische Marine ein richtiges Manöver auf der Donau ab. Ein großes graues Kriegsschiff biegt genau vor uns auf den Fluss und pustet riesige Wolken grauer Abgase in den Himmel. Dem eleganten Gleiten eines russischen Eisbrechers gleich, pflügt das Schiff durch das Wasser. Auf dem Achterdeck stehen die Offiziere stramm und blicken eisern zu uns herüber. Sie erweisen uns ihre Hochachtung, indem sie uns eben nicht grüßen und somit ordentlich Haltung bewahren, alles andere wäre dem exklusiven Besuch gegenüber sicher absolut respektlos, Militäretikette. Um sie nicht in eine kompromittierende Situation zu bugsieren, grüßen wir sie selbstverständlich auch nicht, sondern nicken ihnen lediglich leicht zu. Flicka stellt sich mit ihren Vorderpfoten auf den Rand des Kanus und nimmt in generalswürdiger Haltung aufmerksam die Parade ab. Von irgendwo schallt Marschmusik über das Wasser, die Bürger Novi Sads eilen an die Ufer und winken uns freundlich zu. Doch damit nicht genug, man hat sich für unseren Einlauf an diesem Sonntagnachmittag etwas ganz besonderes ausgedacht. Marine-Kriegsmanöver hin oder her, das bekommt hier ja jeder hohe Staatsgast geboten, doch für den Besuch der Donauten und ihrer eindrucksvollen Begleiterin, so glaubten die Verantwortlichen, müsse man ein wenig mehr in Szene setzen. Und so kommt es dann auch, dass die Matrosen der serbischen Flotte für ein Wettrennen in großen hölzernen Ruderbooten, mit acht Mann hoch besetzt, an den Start gehen. Das große Kriegsschiff gibt ein Signal und die vier Mannschaften legen sich ordentlich ins Zeug und ziehen nach Kräften an den Rudern. An den Bugsteven der Boote schäumt das Wasser auf, die Zuschauer johlen und erst jetzt begreifen wir, dass alle erwarten, dass die weit gereisten Brüder an diesem Wettbewerb teilnehmen mögen.

Nun gut, als Anerkennung ihrer Ehrerbietung stechen wir sodann unsere Paddel in den Fluss und nehmen die Verfolgung auf. Flicka legt die Ohren zurück, der aufkommende Fahrtwind zerzaust ihr Fell. Schon nach wenigen Paddelschlägen holen wir die Ruderboote ein, drosseln aber dann ein wenig die Fahrt, um die Gastgeber nicht zu deklassieren. Vor der Varadin-Brücke ziehen wir dann dem Feld davon, die Massen jubeln, die Offiziere auf

Rechte Seite: Feld und Dorf, irgendwo zwischen Osijek und Vukovar, Kroatien
Folgende Seite: Die Ausläufer des Balkan-Gebirges über dem Ufer der Donau

dem Kriegsschiff klatschen begeistert in die Hände und so gewinnen wir das zu unseren Ehren ausgetragene Rennen. Unser Boot hat soviel Schwung, dass wir ohne anhalten zu können gleich wieder aus der Stadt hinaus treiben. Doch das ist in Ordnung, wir haben den Menschen ja ordentlich etwas geboten und noch lange werden sie sich von dem Tag erzählen, als wir die serbische Flotte besiegten.

Etwas später nähern wir uns der letzten Metropole des Stromes, Belgrad, doch davon ist auf dem Wasser nichts zu merken, es bleibt weiterhin still. Die Landschaft ändert sich, auf der rechten Seite taucht wie aus dem Nichts eine zwanzig bis dreißig Meter hohe Abbruchkante auf, darunter unmittelbar der Fluss. Direkt auf der fragilen Kante haben einige Serben ihre Domizile errichtet, so dass sie gleichzeitig den mutmaßlich fantastischen Ausblick über die Donau mit einem gewissen Nervenkitzel verbinden können, denn über Nacht könnte die ganze Hütte ja tatsächlich den Bach hinunter gehen. Die exponierte Lage der Wohnhäuser spart darüber hinaus anscheinend die Müllabfuhr, denn manche Hausherren lassen ihren gesamten Unrat einfach in die Donau rutschen. So ergießen sich ganze Ströme von Plastik, Schrott, Glas und organischen Abfällen wie bunte Lavaströme in das Gewässer.

Belgrad selbst besuchen wir nur kurz, kaufen auf einem Wochenmarkt fettige, geräucherte Würste, Schafskäse, Brot und Melonen. Der Fluss schummelt sich auch etwas an der Stadt vorbei. Oder drückt sich Belgrad vor dem Fluss und zeigt ihm die kalte Schulter?

Die kleinen Boote der Belgrader schaukeln in den Wellen. Ihnen einen Hafen zu bauen, kam den Menschen der Stadt nicht in den Sinn, und so liegen hunderte Kähne an Ankerleinen befestigt in der Strömung. Wir fahren durch das Labyrinth der heimatlosen Boote. Am Ufer steht eine Handvoll Wohnblöcke mit zwanzig oder mehr Geschossen, Plattenbauten aus sozialistischen Zeiten. Von der Donau aus betrachtet, sind sie aber auch so ziemlich das einzige spektakuläre Großstadtelement. Der Fluss hat seine Sicht, und er zeigt nicht viel von der Metropole. Schon entlässt uns Belgrad unvermittelt in die weite Landschaft. Sie ist auf einmal verschwunden, die Weiße Stadt, ihren Platz nehmen jetzt bewaldete Hügel und kleine Dörfer ein.

Die Strömung des Flusses wird immer geringer, an manchen Stellen ruht er schon gänzlich. Auf der Suche nach einem Zeltplatz gewährt uns die hereinbrechende Nacht wieder einmal keinen Aufschub. Am Ufer verrichten drei Verladekräne lärmend ihre Arbeit, sie ähneln hochbeinigen, stählernen Insekten, Menschen sehen wir keine. Als wir schließlich am Sandstrand einer kleinen Insel anlanden, hat sich die Donau schon dunkelblau gefärbt. Würde sie nicht von der schwarzen Horizontlinie gehalten, flösse sie in den ebenfalls dunkelblauen Himmel und spülte die funkelnden Sterne fort.

~

»Wer immer viel Sliwowitz trinkt, der altert nicht«, sagt Jenic und wir stoßen darauf an, *Živeli, prost!* Heiß läuft sein Selbstgebrannter Richtung Magen, ich versuche, qualifiziert zu nicken, die Augen des Gastgebers schauen uns prüfend an. Und dann ergänzt er die serbische Volksweisheit um einen weiteren Halbsatz, »denn er stirbt früh«. Der ganze Tisch lacht. Jenic hat zwar ein ernstes Wesen, doch weiß er Geschichten sehr gut zu erzählen. Sliwowitz gibt es eigentlich immer bei den Serben, und sie laden uns ständig dazu ein, als Gast

hat man kaum eine Wahl. Wir sitzen im Garten seiner Pension, Freunde sind zu Besuch gekommen, von Zeit zu Zeit rast ein LKW auf der nahen Straße durch die Nacht, dahinter die Donau. Doch an dieser Stelle ist sie kein Fluss, sondern ein See, vielleicht sechs Kilometer breit, vielleicht sogar mehr. Vor über vierzig Jahren kam man auf die Idee, den Fluss einhundert Kilometer weiter stromabwärts zu sperren und einen Staudamm zu bauen. Ein mächtiges Projekt, es dauerte dreißig Jahre, bis die Gegend vollständig geflutet war.

»Das ist der Preis unserer Zivilisation«, meint Jenic, und der pensionierte Polizist hält diesen Preis für überaus unangemessen. Ganze Landschaften, Wälder, Burganlagen, Kirchen und Dörfer verschwanden unter der Wasseroberfläche. An manchen Stellen ragen noch immer die Wipfel großer Bäume knapp aus dem Wasser. Es scheint, als ob sie nicht vergehen wollen. Einige Dörfer wurden etwas höher neu aufgebaut. Zu jener Zeit herrschte tatsächlich der Glaube daran, dass man einen Ort einfach neu aufbauen kann und dass dieser dann den Menschen ihre Heimat zurück gäbe. So erhielten die neuen Siedlungen die Namen der alten Dörfer, doch mehr hatten sie mit diesen gewiss nicht gemein, mehr konnten sie nicht gemein haben. Wie es wohl ist, an einem Platz zu leben, und die Heimat in den Fluten vor der Haustür versunken zu wissen? Sie ist ja immer noch da, nur unter Wasser. Und so sind es natürlich nicht nur Häuser und Landschaften, die da unten verloren liegen.

Und dann taucht es vor unserem Bug auf: das Eiserne Tor. Seit die Menschen diese Flusspassage zwischen Balkan und Karpaten mit Dynamit gestalterisch umgearbeitet und später mit dem Bau großer Dämme gar geflutet hatten, verlor das Tor zwar nicht sein metallenes Adjektiv, büßte jedoch eine Menge seiner abschreckenden Ausstrahlung ein. Das Eiserne Tor ist also gar nicht mehr so eisern. Die Kapitäne haben nun nicht mehr zu befürchten, dass ihre Schiffe in der tosenden Strömung auf spitze Steinriffe auflaufen oder gar gegen die hohen Felswände geschleudert werden. Doch wir beschweren uns nicht darüber, die

118 *Vorherige Seite: Einfahrt zum Eisernen Tor*
Rechts und folgende Seite: Neben den Deichen, zwischen Fluss und Dorf
wachen die Schäfer über ihre kleinen Herden, sitzen meist im Schatten unter
einem Baum und freuen sich über Besuch. Rechts: Iwanowic Millenco

Landschaft ist auch in ihrer entschärften Variante überaus eindrucksvoll. Die linken Felsen gehören schon zu Rumänien, rechts macht sich immer noch Serbien breit. Wieder einmal ist die Donau zu einem anderen Fluss geworden. Glich sie vor wenigen Kilometern noch einem großen See, ist sie jetzt keine zweihundert Meter breit, dafür benötigt unser Handlot immerhin achtzig Meter Faden, ehe es auf dem Grund ruht.

An den Seiten steigen gewaltige Steinwände aus dem Wasser, an manchen Stellen gehen sie in Gebirge über oder verschwinden einfach im grauen Dampf über uns. So können wir an den meisten Stellen am Ufer nicht anhalten. Auf dem Fluss verengt sich die Perspektive, es geht nur noch vorwärts, durch einen gewaltigen Gang, durch den Nebel der tiefen Wolken, hinein in alte Geschichten und Legenden.

Bei genauem Hinschauen entdeckt man an einigen Stellen, dass die Felswände ordentliche Löcher haben, breite Risse im Gestein. Es sind Eingänge in alte Höhlen, und in eine dieser Felsengrotten paddeln wir gut fünfzig Meter tief hinein. Es klingt unglaublich, doch genau hier, so berichteten uns die – über patriotische Umdeutung und historische Verklärung selbstverständlich vollkommen erhabenen Serben – genau in diesen Höhlen sei die Wiege der europäischen Menschheit zu finden.

Während in anderen Teilen Europas außer Kälte nicht viel los war, beschlossen die umherwandernden Menschen, sich an den Südhängen der Karpaten niederzulassen und eine Höhle zu beziehen. Die ersten sesshaften Europäer waren demnach Serben. Es könnten rein theoretisch auch Rumänen oder Ungarn gewesen sein, aber für die Serben ist diese Sache so klar wie ihr Sliwowitz, die ersten Europäer waren Serben. Natürlich absolut wissenschaftlich betrachtet.

Nach einigen Jahrtausenden des Höhlendaseins begaben sich die Menschen an die frische Luft, bauten ein paar Hütten und gründeten an den Hängen der Donau die ersten europäischen Siedlungen. Der Grundstein unserer Zivilisation war gelegt und die ersten europäischen Zivilisten waren somit, ganz klar, Serben.

Die Höhle hatte als Zufluchtsstätte ausgedient. Erst lange Zeit später nistete sich der General Veterani mit fünfhundert Soldaten, darunter Deutsche und Serben, wieder in der feuchten Herberge ein, nicht ganz freiwillig, denn die Truppe war von tausenden Türken umzingelt. Da saß der österreichische General nun in der Höhle an der Donau, fern der Heimat. Das Wasser tropfte von der Decke, die Luft war schlecht, draußen feierten die Türken wilde Feste und sangen bis spät in die Nacht. Nach fünfundvierzig Tagen wurde es ihm zu fad, und er schritt ins Freie, um zu kapitulieren. Doch General Veterani wusste seine Niederlage gut zu verkaufen. Und so wurde er darauf für seinen überaus heldenhaften Kampf zum Feldmarschall befördert und ging als Held in die Geschichtslehrbücher ein – wovon er leider nicht mehr viel hatte, denn nur drei Jahre später wurde dem türkischen Sultan sein Kopf überreicht, an dem sich allerdings nicht mehr der Körper des Generals befand.

Überhaupt scheint man es in dieser Gegend mit ordentlichen Niederlagen und anschließendem Ableben zu etwas zu bringen – nach dem einem wird eine Höhle benannt, des anderen Abbild wird gar aus einem gigantischen Stein geschlagen. Etwas weiter die Donau hinunter stiert der Dakerfürst Decebal auf uns hernieder. Sein Antlitz wurde aus einem riesigen Felsen oberhalb des Flusses herausgearbeitet, seine Nase ist so groß, dass man wohl bequem in ihr stehen könnte. Decebal wurde von den Römern besiegt und nahm sich daraufhin das Leben. Die Rumänen sehen sich als Nachfahren der Daker und hielten es vor ein paar Jahren für angemessen, das Abbild des Unterlegenen aus einem Donaufelsen herauszumeißeln, sicher in Anlehnung an die vier Präsidentenschädel am Mount Rushmore. Es braucht keinen Kunstexperten, um festzustellen, dass das den Rumänen nicht ganz in der gleichen Qualität gelungen ist. So schaut der missförmige Decebal nun in Richtung Serbien und übt einen grimmigen Blick. Doch mit so einer miesepetrigen Ausstrahlung schafft man es nicht in dieses Buch, auch wenn alle anderen Menschen diesen Kerl ständig fotografieren.

Links und Seite 128: Bei Golubac staut sich das Wasser des Flusses,
die Donau wird zum See. Auf dem Grund ruhen geflutete Dörfer, an
manchen Stellen ragen die Kronen der alten Bäume aus dem Wasser.

Nicht weit entfernt vom Steinkopf, noch vor der rumänischen Siedlung Orsova, halten wir auf einer hügeligen Halbinsel. Die freilaufenden Pferde kommen bis an unser Lager, vor uns liegt der Fluss eingerahmt von hohen Bergen. Hätte sich Winnetou von seinen Abenteuern in Kroatien erholen müssen, wäre er ganz bestimmt hierher geritten.

Es ist seit langer Zeit der erste Abend ohne plagende Mücken, und so rollen wir unsere Matten vor dem Zelt aus und schlafen unter freiem Himmel. Es ist bereits Mitte August, die Sterne am dunkel werdenden Firmament beginnen zu funkeln, ihre Schnuppen liefern sich einen wahren Wettbewerb. In solchen Momenten kann man die Gäste der Fünf-Sterne-Hotels dieser Welt ob ihrer Armut nur bedauern, unsere Bleibe hat in dieser Nacht einige tausend Sterne mehr.

Vom Vorher und Nachher

Den ganzen nächsten Tag scheint die Sonne wieder so grell, dass alles in schmutzigen Schattierungen erscheint, der Himmel, die Berge, das Wasser. Als hätte sie die Landschaft binnen Stunden gebleicht. Am Horizont zeichnet sich zwischen grauem Fluss und grauem Hintergrund eine dunkle Mauer mit Krananlagen ab, Đerdap I, der erste der beiden gigantischen Staudämme der ehemals sozialistischen Brüderstaaten Rumänien und Jugoslawien. Die vom Fluss angetriebenen Turbinen sind der Dynamo Serbiens und liefern mehr als ein Drittel des benötigten Stromes. Hier ist die Donau erst einmal zu Ende. Die großen Schiffe fahren in die Schleuse und werden hinunter gehievt. Doch da machen wir nicht mit, wahrscheinlich würden wir sonst mit unserem kleinen Kanu in den schwarzen, stählernen Kammern einfach verloren gehen und so darf unsere Reise ja schließlich nicht enden.

Also sieht der Tagesplan folgendes vor: erstens, auf serbischer Seite anlegen, zweitens, Kanu und Ausrüstung an Land bringen und dann mit unserem kleinen Rollwagen das Boot mit Gepäck auf die andere Seite schieben und drittens, das Boot und die Besatzung wieder einsetzen und weiterfahren. Es ist jedoch gar nicht so einfach, an Land zu kommen, vor der einzig möglichen Anlegestelle treibt ein breiter Streifen von Plastikflaschen, es müssen Tausende sein. So arbeiten wir uns durch diesen Müll, dass es nur so kracht und der Rumpf des Bootes schiebt sich quietschend über diese Schicht aus Polyethylen. Gäbe es hier Pfandgeld, wären wir Könige, mindestens für einen Tag. Es scheint, als wollte uns der Fluss festhalten. Auf der schrägen Mauer haben wir unsere Mühe, die ganze Ausrüstung und Technik zwei Meter nach oben zu befördern, ohne dabei in das Müllwasser zu rutschen. Doch da oben an Land sieht es nicht gerade besser aus. Wir stehen direkt hinter einem Truckerparkplatz an der serbisch-rumänischen Grenze. Es stinkt erbärmlich, der Boden ist voller Müll und Exkremente, wir wollen nur noch weg.

Also weiter mit Punkt zwei, Kanu auf den Wagen, Gepäck rein und los. Der Kanuwagen hat schon nach wenigen hundert Metern einen Plattfuß und zu unserer Überraschung dürfen wir nicht direkt hinter dem Staudamm einsetzen. Verboten, Staatsgeheimnis, gesperrtes Betriebsgelände, Fotografieren darf man auch nicht, wir könnten ja deutsche Saboteure sein, die mit etwas Verspätung eingetroffen sind. Oder westliche Industriespione, auf der Suche nach hoch entwickelter Steuertechnik, damals noch bereitgestellt vom VEB Kombinat Robotron-Elektronik, wer weiß das schon? Also werden wir fortgejagt und quälen uns und unser seltsam anmutendes Landschiff eine Fernverkehrsstraße entlang, immer parallel zum Fluss, den wir aber nicht sehen können, da er hinter einem Steilufer verschwindet. Wir schinden uns Kilometer um Kilometer. Autos rasen vorbei, ringsum ist alles ausgedörrt und verbrannt. Irgendwann biegen wir in ein Dorf ab, das Kanu hoppelt jetzt von einem Schlagloch in das nächste, nach einer Kurve sehen wir sie wieder, die graue Donau. Wir haben es doch geschafft, denn was soll jetzt noch dazwischenkommen? Sliwowitz, natürlich. Beim Einsetzen des Bootes werden wir von der schattigen Veranda eines nahestehenden Hauses aus beobachtet und nur Minuten später sitzen wir auf dieser schattigen Veranda, denn wir sind schon wieder Gäste, diesmal von Mika Adamović. Er ist vielleicht Mitte fünfzig und hütet seinen Enkel Milos. Ständig ist er in Bewegung und holt neue Leckereien und Getränke aus dem Haus, es gibt frische Pflaumen und Aprikosen aus seinem Garten, Kaffee, Kekse, Saft, Bier und den guten Schnaps. Wir haben Durst und der stämmige Serbe ist der Inbegriff der Gastfreundschaft.

Ich hole eine zerknitterte Karte hervor und zeige darauf unsere Reiseroute, es sind jetzt weniger als eintausend Kilometer bis zum Meer, und Mika nickt staunend. Als wir uns nach einer Einkaufsmöglichkeit erkundigen, wird umgehend der Wagen aus der Garage geholt, und der Gastgeber chauffiert Lars die zweihundertfünfzig Meter bis zum Dorfkiosk. Den Reifen unseres Kanuwagens will er auch noch reparieren.

Vor zwei Stunden noch quälten wir uns durch diese Gegend, es war wirklich zum Fluchen – jetzt sind wir Gäste und es fehlt an nichts.

Kilometer 976 Ich bleibe einen Moment allein auf der Veranda zurück und denke an dich, lieber Leser und Mitreisender, der du wohl geworden bist. Sicher erinnerst du dich noch an meine Bedenken über Serbien, bevor wir die Grenze überqueren. Der Teufel ist ein Eichhörnchen und schießt mit dem Besenstiel, würde wohl ein guter Freund in diesem Moment sagen – Erfahrungen sind nicht planbar und Vorurteile kann man frei und aufrechten Ganges revidieren. Zu sagen, dass wir in diesem Land als Reisende freundlich empfangen werden, ist wohl, im Lichte des Erlebten betrachtet, eine ordentliche Untertreibung. Wir werden mit offenen Armen empfangen, voller Herzlichkeit. Von den Ufern des Flusses und den Booten winken uns die Menschen zu. Sie nicken, lachen und zeigen uns den ausgestreckten Daumen, ganz so, als wüssten sie, dass wir schon lange unterwegs sind und noch einen langen Weg vor uns haben und uns natürlich über einen solchen Empfang sehr freuen. Sie helfen uns, wenn wir Hilfe brauchen. Wir fühlen uns gut aufgehoben an den Ufern und auf dem Fluss zwischen Ungarn und der Walachei – was kann man besseres über ein Land sagen? Wir lernen aufgeschlossene Menschen kennen, Menschen, deren Geschichten uns interessieren, die aber auch etwas von uns wissen wollen. Wir lernen eine Region kennen, dessen jüngere Geschichte laut nachhallt, auch wenn die Brücken längst wieder aufgebaut und die Einschusslöcher an den Wänden verputzt sind. Dessen jüngere Geschichte wir aber auch nicht verstehen. Wir erleben unglaubliche Gastfreundschaft, frei von jeder Berechnung.

So, wie sieht es nun aus mit meinen früheren Urteil über dieses Land? Vielleicht sollte ich vorher immer etwas weniger urteilen. Aber dann würde ich natürlich auch nicht so positiv überrascht. Und worüber sollten wir uns dann unterhalten? *Živeli!*

Das letzte Dorf vor
TRANSSILVANIEN

Links vom Fluss: Ein abgelegener Ort am Fuße der Südkarpaten. Besucher, die sich hierher verirren, sind Fremde. Doch wie wird aus einem Fremden ein Bekannter?

Auf den wenigen Kilometern Asphaltstraße von der Donau bis ins rumänische Dorf Toplet reihen sich die Kadaver überfahrener Hunde beinahe aneinander. Von manchen ist bis auf einen platten Fetzen Fell nicht mehr viel zu erkennen, andere liegen aufgedunsen im Straßengraben. Wer noch nicht überfahren ist, streunt auf der ewigen Suche nach Futter entlang der Verkehrswege oder in den Gassen der Dörfer. Die Vierbeiner sind harmlos und scheu. Für manche der Menschen hier scheinen es Hunde zu sein, für andere jedoch nur Köter.

Viele haben sich zu kleinen Gruppen zusammengeschlossen und so ziehen die irrwitzigsten Hundecliquen um die Häuser, gemeinsam scheint das Leben einfach lebenswerter. Die Hunde werden hier nicht sehr alt, doch ganz sicher sorgen sie vor ihrem Ableben noch für Nachwuchs, für die nächste Generation hungriger Vierbeiner mit herzerweichendem Blick. Die meisten Menschen interessieren die vielen Hunde möglicherweise gar nicht, andere, die es sich vielleicht kaum leisten können, nehmen Anteil.

Dem Fußreisenden wird es dadurch in dieser Gegend nie so recht langweilig, immer wieder gesellen sich pelzige Begleiter an seine Seite, in der Hoffnung, etwas Geselligkeit und Brot zu teilen. Und ehe sich der Wanderer versieht, ist er schon dort angelangt, wo er hinwollte, im letzten Dorf vor Transsilvanien, in Toplet.

Obwohl es doch nur auf der anderen Seite des Flusses liegt, scheint dieses Rumänien hier von Serbien irrsinnig weit entfernt. Schon die Landschaft ist anders, und so sind es die Menschen auch. Von denen bekommen wir jedoch im Dorf vorerst kaum welche zu Gesicht. Es scheint, als versteckten sich die Leute vor uns. Kaum gehen wir eine der vielen ausgetretenen und ausgespülten Gassen entlang, klappen vor uns die Türen und Fensterläden zu. Menschen, die noch vor wenigen Momenten auf der Bank vor ihrem Haus gesessen hatten, verschwinden plötzlich, andere, die nicht ausweichen können, schauen weg und reagieren

Portraits aus dem rumänischen Ort Toplet. Es dauert eine ganze Weile, bis sich die
Dorfbewohner vor die Kamera trauen. Dann jedoch nehmen sie sich Zeit, bestaunen
schließlich die Bilder, lachen und freuen sich ehrlich. Nachbarn und Freunde werden
herangeholt, dazu Essen und Trinken – nun will jeder fotografiert werden.

nicht auf unsere Grüße und Fragen. Wir sind Fremde, keiner will mit uns etwas zu tun haben.

Toplet ist ein armer, rückständiger Ort im Vordergrund der Südkarpaten. Die meisten Häuser sind sehr einfach, in den Gärten hinter den spitzen Zaunpfählen gackern entweder Hühner oder es schießen Gemüse und Blumen in den sattesten Farben empor. Nur wenige Straßen sind geteert oder gepflastert, und als wir am Mittag unter einem Obstbaum am Hang über dem Ort etwas ausruhen, lauschen wir den Geräuschen des Dorfes. Wir hören ein altes Dorf. Menschen rufen sich etwas zu, die Kirchenglocke läutet, in der Ferne schreit ein Esel. Über uns rauschen die Blätter der Obstbäume, dazwischen wieder fast nichts, dann irgendwo da unten das schlagende Geräusch eines Schleifsteins, eine Sense wird gewetzt. Doch warum sind die Menschen hier so scheu und zurückweisend? Warum will sich niemand mit uns abgeben?

Einer, der sich gern mit uns abgibt, ist der Dorflehrer, darüber hinaus spricht er auch Englisch. Normalerweise kämen keine Menschen wie wir zwei in diese Gegend und außerdem herrsche immer noch ein tiefes Misstrauen. Warum? Nun, es gäbe viele Geschichten, die Angst werde oft an die nächste Generation weitergegeben. Doch woher kommen diese Geschichten, woher kommt die Angst? Und irgendwann später fällt endlich das Wort, das früher erst recht keiner auszusprechen wagte: Securitate. Menschen wurden einfach abgeholt, auch aus Toplet, man hörte nie wieder von ihnen. Systeme stürzen, doch bei vielen bleibt der Schrecken in Erinnerung, es bleibt das Misstrauen, bei manchen sogar Angst.

Doch wie zeigt jemand, dass er Gutes will? Misstrauen zu erwecken ist einfach – wie aber gewinnt man Vertrauen? Zuerst braucht es etwas Zeit, denn Informationen müssen sich verbreiten. Aber das geht hier im rumänischen Hinterland auch recht schnell. Am nächsten Tag begegnen uns die Menschen des Dorfes viel aufgeschlossener, geradezu aufrecht – sie bleiben auf den Bänken vor ihren Häusern sitzen und gucken uns interessiert an. Nein, so bemerken sie nun, wie geheime Agenten sehen die beiden nicht aus.

Und dann braucht es noch eine Überraschung, und so bauen wir ein richtiges Fotostudio an einer der Gassenkreuzungen auf, mit Blitzanlage, Reflektoren, Stativen und allem drum und dran. Zuerst trauen sich die Kinder vor die Linse des Fotografen. Vergütet wird ihr Einsatz in der einzig dauerhaften, internationalen Währung: Süßigkeiten. So etwas spricht sich schnell rum, Geschwister, Freunde und Straßenhunde werden eilig zum Ablichten herbeigeschafft.

Nun wagen sich auch die älteren Semester. Die ersten Aufnahmen werden mit kritischer Miene geprüft, gefolgt von einem Lächeln und staunendem Nicken. Spätestens jetzt wissen sie, dass wir es gut mit ihnen meinen, dass wir Schönes zeigen wollen, die Menschen gut aussehen lassen.

Eilig wird frische Limonade herbeigeschafft, auch selbst gemachter Kuchen und Servietten, dazu einheimisches Obstdestilat, zur traditionellen Begrüßung. Das muss sein, jeder wenigstens einen Schluck, Ausreden werden mit einem randvollen Glas beantwortet. Alle stehen auf der Straße, bruchstückhaftes Russisch, einige Brocken Italienisch, Englisch und Deutsch schwirren durch die Luft. Keiner versteht anscheinend irgendwas, alle lachen und auf einmal sind wir nicht mehr so ganz fremd im Dorf vor den Bergen.

Folgende Seiten: Das Eiserne Tor und eine hölzerne Pforte /
Der Fluss wird immer weiter, riesige, baumbestandene Inseln in seiner Mitte.

Eine Reise in die
ZEIT

Der letzte gigantische Staudamm liegt hinter uns, und nun zeigt sich der Fluss, wie er immer war, wie er eigentlich ist. Breit, ganz breit dahinfließend schlängelt er sich durch eine weite Landschaft. An vielen Stellen teilt er sich, umspült baumbestandene Inseln, wäscht Sand aus den Ufern, gibt aber auch neues Land frei. Er überschwemmt ganze Wälder, um sich anschließend wieder in sein Bett zurückzuziehen. Anscheinend unvorhersehbar und unberechenbar.

Die Menschen der Gegend nehmen die Launen des Flusses gelassen. Ihre Hütten und Häuser bauen sie auf hohen Pfählen. Wir sehen immer weniger Ortschaften. War der Fluss ab Budapest ruhiger und in Serbien still, so ist er jetzt wirklich einsam. Er schiebt sich gemächlich Richtung Osten. An manchen Tagen treffen wir nur zwei oder drei große Schiffe. Linker Hand liegt die rumänische Walachei: flaches Land, keine Straßen, keine Häuser, vereinzelt steht ein Angler am Ufer. Auf der rechten Seite zeigt sich bald ein hügeliges Bulgarien mit abgeschiedenen Siedlungen und kleinen Städten.

Kilometer 825 Wir müssten jetzt offiziell in Bulgarien einreisen und bei Polizei und Zoll vorstellig werden, doch wir finden keine Stelle an der hohen Kaimauer, um in die Stadt Widin zu gelangen. Der Ort lädt uns auch nicht gerade ein. Ein graues Hochhaus mit zahlreichen Antennen und den Buchstaben *Hotel Rovno* auf dem Dach erinnert eher an eine bunkerartige Militäreinrichtung, und auf einen Landgang haben wir auch gar keine Lust, so dass wir etwas gleichgültig an der Stadt vorbeipaddeln. Aber wir kommen nicht weit. Hinter uns brummt ein lauter Motor, dann Sirengeheul, die Bulgarische Wasserschutzpolizei hat die Verfolgung aufgenommen, und da kein anderes Boot weit und breit zu sehen ist, verfolgt sie wohl uns. Wir unternehmen noch einen halbherzigen Fluchtversuch in Richtung rumänischer Gefilde (die Grenze verläuft in der Flussmitte) werden allerdings umgehend von der motorisierten Staatsgewalt gestellt. Nun gibt es Ärger, ganz sicher. Die Wellen lassen das Polizeiboot und unserer Kanu im Gegentakt hoch und runter schaukeln, wir können die Reling des Motorbootes mit Mühe greifen und machen längsseits fest. Es ist ein altes, klappriges Schiff, überall blättert Farbe ab.

So könnte es möglicherweise aus Beständen der Nationalen Volksarmee der DDR stammen und – nachdem es nacheinander in Ungarn und in Rumänien altersbedingt ausgemustert wurde – schließlich seinen Dienst in Bulgarien angetreten haben. Ohne vollständig angelegte Schwimmweste würde sicher kein Mitteleuropäer diesen Kahn betreten. Die Besatzung hingegen schätzt die Wahrscheinlichkeit, damit wieder heil an Land zu kommen, wesentlich optimistischer ein und verzichtet auf solcherlei Überlebensmittel.

Auf dem Boot sind drei Polizisten, alle schauen sehr ernst, allerdings wirkt die Truppe ein wenig zusammengewürfelt. Vorderdecks steht einer im Mechaniker-Overall, sein Kollege daneben trägt heute legeres Zivil und pafft locker eine Zigarette, doch hinter der Frontscheibe sitzt im Führerhaus ein dicker Kerl und der hat eine richtige Uniform an, er ist zweifelsohne der Kommandeur. *Passport!* Wo wir herkämen und ob wir in Bulgarien vorschriftsmäßig eingereist wären. Wir drucksen ein wenig rum, antworten in ganz schlechtem Englisch und streuen etwas deutsch ein, stellen uns blöd, so gut wir können.

Doch so leicht lassen sich die Freunde nicht die Butter vom Brot nehmen, schließlich haben sie hier gerade einen ganz dicken Brocken am Haken, ein rotes Kanu mit zwei Deutschen und einem Hund. Holla, das ist doch was, so kurz vor Feierabend. So treiben wir aneinander gebunden die Donau hinunter, hinter unserem Rücken geht gerade die Sonne unter, vor uns zeigt sich die weite Landschaft in den schönsten Farbtönen. Es wird gefunkt und telefoniert. Wir versuchen es auf der politischen Schiene, warum sollten wir denn als Bürger der Europäischen Union in eines ihrer Mitgliedsländer, Bulgarien, offiziell einreisen müssen? Schulterzucken, der Mechaniker-Wasserpolizist zündet sich auch eine Kippe an. So geht das auf jeden Fall nicht, wir müssen zurück nach Widin, zum Zoll, zur Polizei, jetzt. Wir sind vielleicht schon zwei Kilometer von der Stadt entfernt, in einer dreiviertel Stunde ist es dunkel, und so weigern wir uns, gegen den Strom wieder zurück zu paddeln, das würde ewig dauern. Nein, das machen wir nicht. Jetzt sind die drei Polizisten ratlos, der Kapitän zündet sich ebenfalls eine Zigarette an, wahrscheinlich bereut er gerade, überhaupt ausgerückt zu sein. Es herrscht großes Schweigen, die Wellen glucksen zwischen den Booten. Zeit fließt die Donau hinunter und wir mit ihr. Die Staatsmacht steht da und raucht und wir schauen ihr dabei zu. Aber wir könnten uns doch morgen in der Polizeistation im nächsten Ort stromabwärts melden, oder? Der Kapitän denkt nach und fängt wieder an herumzutelefonieren. Schließlich scheint es so zu klappen, und wir erhalten unsere Pässe zurück. Er habe alles exakt geregelt, morgen müssen wir im nächsten bulgarischen Ort vorstellig werden, wir sind dort schon angekündigt. Doch übernachten dürfen wir heute auf gar keinen Fall in Bulgarien. »Romania yes, Bulgaria no!«, sagt er uns dreimal hintereinander. Kein Problem, meinen wir und wiederholen »Romania yes, Bulgaria no!«, legen ab und machen uns zur Weiterfahrt bereit. Die Polizisten zeigen sich mindestens so erleichtert wie wir und wünschen uns mehrmals gute Reise und dann paddeln wir los.

Der Stolz der bulgarischen Wasserschutzpolizei hat jedoch Startprobleme, der Motor springt nicht an. Erst jetzt wird uns bewusst, warum der Mann im Mechaniker-Overall zur Stammbesetzung zählt. Behende läuft er auf des Hinterdeck und hebt einen großen Deckel an, darunter muss sich der arbeitsunwillige Motor befinden. Einige Handgriffe später heult die Maschine auf, eine schwarze Rußwolke steigt auf, der Mechaniker wirft den Deckel zu und das greise Boot schaukelt zurück nach Widin.

Am nächsten Tag wollen wir unser Versprechen einlösen und suchen in der Stadt Lom nach Kontrolleuren. Wir treffen auf Grenzpolizisten, die können jedoch nichts mit uns anfangen und es dauert zwei weitere Stunden, bis ein ranghoher Polizist herangechauffiert wird und sich minutiös unsere Reisepässe anschaut. Ich trage unsere Geschichte auf englisch vor, er nickt emotionslos und prüft weiterhin jede Seite unserer kleinformatigen Identitäten, als suche er nach irgendeiner Auffälligkeit. Schließlich reicht er die Dokumente zurück, schaut mir mit festem Blick in die Augen und fragt in bestem Deutsch: »Und was ist ihr Problem?«.

Das Warten auf den **Sturm**

Es ist unerträglich stickig. Der Schweiß rinnt über die Rippen und tropft fast rhythmisch auf die Isomatte. Überall klebt Sand, am ganzen Körper, in den Haaren, wirklich überall. Tausende von Mücken summen vor dem Zelt. Sie wollen rein – wir Zeltinsassen wollen am liebsten raus. Nur für ein kurzes Bad in der seichten Strömung des Flusses. Doch dafür ist es zu spät. Die Sonne ist längst untergegangen und bevor sie nicht wieder über den Horizont blinzelt, ist an ein Leben außerhalb der schützenden Polyesterhülle nicht zu denken, temporärer Zeltarrest, wenn man so will. So geht das schon die ganzen Tage. Kaum haben wir angelegt, muss schon die Regenkleidung angezogen und das Gesicht vermummt werden, um irgendwie das Zelt aufbauen zu können, ohne dem Wahnsinn zu verfallen. Haben Mücken denn wirklich eine so wichtige Funktion für das Ökosystem? Falls nicht, denke ich und wische mir den Schweiß von der Stirn, falls nicht, dann ... Doch dann bewegt sich die Luft, die Blätter der Weiden beginnen zu säuseln. Das klingt gut, das könnte mit viel Glück ein kleiner Sturm werden, ich lausche gespannt. Tatsächlich, es wird immer lauter, ein richtiges Rauschen setzt ein, erste Böen zerren an den Büschen. Ja! Ein Flackern, ein Knall, dicke Tropfen pochen auf das Zelt, vereinzelt und zaghaft. Es werden mehr, ein immer lauter schlagender Trommelwirbel setzt ein, die Umgebung wird für einen Moment erhellt, es kracht und donnert ordentlich. Ein ausgewachsenes Gewitter braut sich über dem kleinen grünen Zelt am Donaustrand zusammen, ein richtiger Sturm kreist über uns. Blitz und Donner! Selten freuen wir uns über ein Unwetter, dieses hingegen kommt wie gerufen. Der böige Wind ist angenehm, fast erfrischend, und die Luft in unserer faltbaren Herberge kühlt sich etwas ab. Doch worum es uns eigentlich geht: Mücken mögen keinen Sturm und Regen. Endlich verschwinden die sirrenden Plagegeister für kurze Zeit.

Der Fluss wird riesig, fast könnte man glauben, dass er als langer See dahintreibt oder gar als schmales Meer. Große, bewaldete Inseln tauchen am Horizont auf, ziehen lange vorbei und teilen das Wasser in zwei, manchmal drei gewaltige Arme. Die Donau ist zu einem mächtigen Strom herangewachsen. Und dieses kleine, weinrote Kanu kann aus der Ferne nur wie ein kleiner Punkt wirken, umgeben von einem All aus Wasser und grünem Land. Es scheint beinahe seltsam, dass es sich immer weiter fortbewegt, ohne verloren zu gehen, ohne sich zu verlieren. Die rumänische Walachei bleibt flach, die Pappeln drängeln sich bis an die Flusskante und bilden eine permanente Kulisse aus kerzengeraden Stämmen. Einen endlos scheinenden Saum, ein Heer aus gleichförmigen Bäumen, sich ständig selbst wiederholend. Die rechte, bulgarische Seite ist dagegen hügeliger und zeigt das bescheidene Kapital des Landes: Felder, Felder, Felder. Die Tage verstreichen, sie verfließen in der Weite der Landschaft. Die Reise scheint nun endlos zu werden und der Fluss gebärdet sich als eine sich wandelnde Schleife, er wiederholt sich, er erneuert sich, er ist gleichförmig, er ist anders.

Doch was passiert mit den Zeigern der Uhr, mit den Wochentagen, mit den Stunden und mit den Minuten? Diese Einteilung verblasst hier regelrecht. Sie zeigt sich, zumindest in ihrer Kleinteiligkeit, als das, was sie in Wirklichkeit nun einmal ist: ein theoretisches Konst-

154 *Seite 148: Der Ziegenhirte Iwan*
Seite 150: Das Dorf Vardim, an einem Nebenarm der Donau – am Horizont der Hauptstrom
Rechte Seite: Bulgarische Stadt, Blick über den Fluss und in die rumänische Tiefebene

rukt, ein Hilfsmittel zur Verwaltung des Lebens. Eine Rasterung der Zeit zwischen Sonnenaufgang und Sonnenuntergang hat hier keine Bedeutung, sie hätte keinen Sinn und wäre frei von Rhythmus. Auch gibt es keine unterschiedlichen Tage. Es gibt nur den Tag, es gibt nur die Nacht, es gibt den Fluss, sonst nichts.

~

Bulgarische Nationalhymne, erste Strophe: »Stolzes Balkangebirge, wo die Donau sich bläulich neben dir erstreckt«. Vielleicht gut gedichtet, doch Bulgarien bleibt uns fremd, nein, die Bulgaren bleiben uns fremd, genauer: die Menschen der Städte – wir finden keinen richtigen Anschluss. Selbst Flicka, sonst immer ein Garant für unkomplizierte Kontaktaufnahme, kann hier nur selten punkten. Sicher, wir sprechen kein Bulgarisch, doch wir sprechen auch kein Rumänisch, Serbisch, Kroatisch, Bayerisch, Ungarisch oder Slowakisch und dennoch haben wir mit den Menschen geredet, haben uns verstanden und missverstanden, haben kopfgeschüttelt und genickt, haben gerätselt und gelacht. Doch vielen der Leute hier fällt es schwer, unseren Gruß zu erwidern, wenn wir ihnen begegnen. Oft schauen sie uns an und reagieren einfach nicht. Und das stimmt einen seltsam. In den anderen Ländern hatten wir möglicherweise einen Exotenbonus, die Menschen wollten wissen, wer wir sind, und manchmal bedauerten sie uns sogar ein wenig, dass wir die ganze Zeit paddeln müssten, da wir wohl zu arm seien, um uns ein Boot mit Benzinmotor zu leisten.

Hier könnten wir uns Rundumleuchten auf den Kopf binden und Flicka zum Tanzen überreden, die Reaktion der Leute wäre sicher die gleiche, nämlich keine. Vielleicht liegt es an den Städten, denn in den kleinen Dörfern sieht es schon ein wenig anders aus, dort bemerken uns die Menschen. Überhaupt scheint es mindestens zwei Bulgarien zu geben, eines der Städte und eines der Dörfer, der Provinz. Und in der sind wir jetzt angelandet, mitten drin.

Oben: Sveta, die Verkäuferin

Links: Gerade, als wir die Technik für das Portrait der bulgarischen Verkäuferin einge-
richtet haben, springt ein lustiger Typ aus einem Auto und schaut, was wir treiben. »My
friends, where are you from?«, will er wissen und posiert darauf stolz für eine Aufnahme.

Es ist ein Dorf, gar nicht mal so klein, die buckligen Dächer aus rot gebrannten Ziegeln leuchten weit, es ist wunderbar still. Eigentlich hört man fast nichts, der malerische Klang der bulgarischen Provinz gewissermaßen. Die Menschen wohnen hier in kleinen, würfeligen Häusern, manche waren einmal verputzt, andere haben nie diesen Status erreicht, einige Schornsteine drohen demnächst in sich zusammen und dann durch das buckelige Dach und in die Zimmer der Bewohner zu fallen. Doch es ist nicht die Architektur der bulgarischen Provinz, die dem Auge des Betrachters ordentlich schmeichelt. Vielmehr sind es die grünen Hausgärten, die kleinen, abgesteckten Beete und Rabatten, voller Gurken, Kartoffeln und Bohnen, die hoch schießenden Sonnen- und Kornblumen. Neben der Schönheit bieten diese Gärten den Leuten vor allem etwas, das seit dem Zusammenbruch des Sozialismus nicht mehr selbstverständlich ist: die Versorgung mit ausreichend Lebensmitteln.

Nur wenige Jahre nach der Wende, deren Startfunke in Bulgarien nicht vom Volk, sondern von kritischen, vielleicht aber nur machtbesessenen Kräften innerhalb der Kommunistischen Partei gezündet wurde, lag das Land in nahezu allen Bereichen zerschlagen am Boden. Nichts ging mehr, die Strukturen kollabierten an einer fatalen Mischung aus rasender Inflation, ökonomischer Rückständigkeit, Misswirtschaft und ausufernder Korruption. Der Mangel zog in Bulgarien ein und machte es sich besonders in den Provinzen bequem. Als dann auch noch das Bankensystem des Landes nicht nur taumelte, sondern stürzte und in sich zusammenfiel, glaubten die Bulgaren, dass es eigentlich nicht mehr viel schlimmer kommen könnte. Doch es kam schlimmer, viel schlimmer. Der anschließende Winter ging als Hungerwinter in die jüngste Geschichte des Landes ein. Viele Menschen, vor allem die Alten, litten Hunger. Dieses schon seit Jahrzenten in Europa ausgestorbene Wort erlebte in Bulgarien sein grausiges Comeback. Es gab nichts Essbares zu kaufen oder es war für die Menschen schlichtweg unbezahlbar. Wer konnte, verließ das Land, zumindest vorübergehend. Die Alten und die Armen konnten es nicht. Bulgarien fiel ins Bodenlose. Und sehr wahrscheinlich spendete der Refrain der bulgarischen Nationalhymne zu dieser Zeit nur noch den Regenten Trost: »Liebe Heimat, du bist das Paradies auf Erden, deine Schönheit, deine Anmut, ach, sie sind unendlich.«

Kilometer 578 Die politische Wende bescherte den Menschen nicht den ersehnten Aufschwung, vielmehr geriet alles ins Stocken und blieb schließlich ganz stehen. Die Straßen, die Häuser, die Läden, die Schulen, die Autos, die Kutschen, die Menschen, ihre Kleidung – alles scheint aus einer anderen Zeit, trägt Zeichen zweier Epochen und bleibt im immerwährenden Moment dazwischen. Das Alte ist vorbei, doch das Neue will einfach nicht beginnen, und es scheint beinahe, als würden die Menschen auch nicht mehr darauf warten. Der Umbruch wird so zum Dauerzustand, zum Alltag.

Gäbe es die Frauen in diesem Land nicht, wäre wohl alles verloren. Am Morgen begegnen wir ihnen in großen Gruppen an der Haltestelle, sie warten auf den ohnehin schon überfüllten Bus. Der bringt sie zur einer Arbeit, die irgendwie das Überleben sichert. Die Ambition, zum Broterwerb der Familie beizutragen, scheint bei etlichen Männern hingegen eher gering. Schon früh treffen sie sich mit Gleichgesinnten in einem Park, vor einer Kneipe oder an der Donau, es wird gegammelt, gequatscht oder einfach nichts getan. Oder es wird geangelt, eine Tätigkeit, die sich ja im wesentlichen aus den drei erstgenannten Beschäftigungen zusammensetzt.

Von der blaugestreckten Donau bis zum Einkaufsladen, dem Magazin, geht es immer hangaufwärts über huckeliges Pflaster. Ein Eselkarren mit zwei verlotterten Kerlen auf dem Kutschbock kommt uns entgegen. Ihr Alter ist schwer zu schätzen, sie haben tiefe Furchen im Gesicht und blicken uns glasig an, grüßen jedoch kurz. Der Karren stoppt, einer bindet dem Esel die Vorderbeine mit einem Riemen zusammen, damit dieser nicht in Abwesenheit seiner Herren auf Wanderschaft geht. Das Ziel der beiden ist die bescheidene Kneipe auf der anderen Straßenseite, dort setzen sie sich routiniert auf die abgewetzten Gartenstühle, bestellen Schnaps und Bier. Die Sonne steht noch nicht lange am Himmel.

Richtig in Kontakt kommen wir erst mit Sveta, das müssen wir auch irgendwie, denn sie steht hinter dem Tresen des Ladens, in dem wir für die nächsten Tage Proviant einkaufen wollen. In den gelben Regalen vor den gelben Wänden stehen Getränke und Chipstüten. Doch was uns interessiert, liegt in der Tresenvitrine und wird nur von ihr hervorgeholt: Milch, frischer Joghurt, große Stücke sahnigen Schafskäses in drei oder vier Variationen, Dickmilch, geräucherte Würste, Tomaten und grüne Gurken aus den Gärten der Dorfbewohner. Sveta versteht kein Englisch, was nicht sonderlich tragisch ist, da sie die ganze Zeit lacht. Nun gut, dann muss halt unser miserables Russisch ran. Und wir sind recht erstaunt, wie weit man mit einer Hand voll Zahlen und Vokabeln kommt. Am Ende sind die Einkaufsbeutel prall gefüllt, Luxus in Tüten. Sveta nickt und lacht, und dann bitten wir sie um fünf Minuten Zeit. Wir wollen sie fotografieren, um sie so auch weiter mit uns auf die Reise zu nehmen. Die ersten Bilder begeistern sie noch nicht vollständig, sie gefällt sich noch nicht ganz. So posiert sie noch einmal und dann passt es. Im Hintergrund fahren die beiden Gesellen mit dem Eselkarren vorbei, das gute Tier scheint zu wissen, wo es lang geht, die Kutscher haben ihren gewünschten Pegel offenbar schon erreicht.

~

Es sind nicht die giftigen Schlangen, es ist der Sturm, der uns Kopfzerbrechen bereitet. Der Ziegenhirte Iwan warnt uns jedoch eindringlich vor den Reptilien. Seine Herde futtert sich durch einen hochgewachsenen Wald. Das Gesäusel der Pappelblätter vermischt sich herrlich mit den munteren Tönen der Ziegenglocken. Wir stehen im Schatten und schauen auf den Fluss. Iwan selbst sagt nicht viel, auf seinem Hirtenstock gestützt beobachtet er uns aufmerksam, bittet um eine Zigarette. Doch dann bemerkt er unsere Schlappen an den Füßen und bedeutet immer wieder, dass damit etwas nicht stimmt. Er hat hohe Stiefel an, trotz der tropischen Temperaturen, seine schlängelnde Handbewegung verrät uns auch warum. Hier gibt es überall Vipern, und nur hohes Schuhwerk schützt vor einem Biss. Der Hirte sollte es ja wissen, mir wird ein wenig seltsam. Ich beschließe, in den nächsten Tagen nur noch wie ein Storch durch das Gras zu staksen, da ich mir einbilde, dass das die Chancen auf einen Schlangenbiss minimiert. Störche werden ja schließlich nie von Schlangen gebissen.

Was uns jedoch viel mehr beschäftigt, ist der ständig zunehmende Wind. Auf dem breiten Fluss schiebt er ordentliche Wellen auf, besonders, wenn er von Osten bläst, gegen die Fließrichtung. Dann türmen sich an manchen Stellen stehende Wellen zu flüssigen Walzen, die gegen den Strom drehen. Über die müssen wir hinweg, die Schwimmwesten fest angelegt, volle Kraft voraus, Augen auf und durch, bis zu einer ruhigeren Stelle, wo einer den Kurs hält und der andere das übergeholte Wasser aus dem Boot schöpft, dann weiter. Anfangs queren wir noch den Fluss, wenn es an der anderen Seite weniger stürmisch scheint, stellen dann aber fest, dass sich dieser Kraftakt kaum lohnt. Aus der Ferne wirkt das Wasser ruhiger als es von nahem tatsächlich ist. Trotz der starken Gegenwinde haben wir gar keine Wahl und müssen vorwärts kommen. Die Dörfer und Städte liegen hier meist weit auseinander, und aus Gewichtsgründen führen wir nur Trinkwasser für einen, maximal zwei Tage mit, das Boot ist schon schwer genug beladen. So ringen wir der Donau manchen Kilometer mühsam ab und versuchen, einfach weiterzupaddeln, nicht über den Wind von vorn nachzudenken, weiter vorwärts, Stück für Stück. Diesem schweigenden Weitermachen, obwohl es nicht ordentlich weiter zu gehen scheint, man kaum einen Fortschritt ausmacht, diesem trotzigen Dranbleiben über Stunden wohnt eine gewisse Faszination inne. Wir bemerken in solchen Augenblicken, zu welchen Leistungen wir fähig sind, wenn wir uns nicht von Äußerlichkeiten ablenken lassen, wenn wir uns in diesen fordernden Momenten bewusst machen, dass es untrennbar zu dem gehört, was wir machen wollen. Dass wir zwei Glücksritter sind, in einem kleinen Boot auf stürmischer See. Stück für Stück, Paddelschlag um Paddelschlag.

~

Ruse ist die größte bulgarische Stadt an der Donau, jedoch ermutigt uns dieser Umstand kaum, an Land zu gehen. Aus unserer Perspektive, der Perspektive des Flusses, strahlt dieser Ort den Charme eines vergessenen Industriehafens aus. Die Häuser der Stadt und ihre Menschen scheinen nur ein schmückendes Beiwerk zu den riesigen Verladeanlagen und Hafenkränen zu sein. Wie stählerne Skelette in verblassenden Farben wachen sie am Ufer – und sie stehen alle still. Mitten auf dem Fluss liegen große Frachter vor Anker. Die sich an den hohen Betonmauern des Ufers reflektierenden Wellen machen die Donau kabbelig.

Auf einem Anleger unterhalb der Kaimauer umarmen sich zwei Menschen in festlicher Kleidung, küssen sich, ein Brautpaar, daneben wohl zwei Trauzeugen und ein hektischer Kameramann, der alles einzufangen versucht – die Liebenden, die Zeugen der Liebe, den Fluss, die tief stehende Sonne. Plötzlich wirft die Braut den Brautstrauß ins Wasser und dieser treibt für einen Moment parallel zu unserem Boot. Darüber muss ich ein wenig schmunzeln, denn die Szene erinnert eher an eine Seebestattung denn an eine Hochzeit, als nehmen die beiden von etwas Abschied, schicken es auf der dunklen Donau davon. Doch die Verliebten, die Zeugen und der Kameramann haben keinen Sinn für solche Doppeldeutigkeiten, sie sind längst wieder losgestürmt, zu den auf der Straße wartenden Autos, sicher auf dem Sprung zur nächsten brauchbaren Kulisse für den Film über den schönsten Tag des Lebens.

Auch wir sind schon fast aus Ruse heraus, ein laut quietschendes Baggerschiff holt mit seinen riesigen Kettenschaufeln den Grund der Donau nach oben. Sein metallenes Schreien begleitet uns noch einige Kilometer, bevor es von der Stille des Landes verschluckt wird. Städte bleiben die künstliche Ausnahme in dieser Landschaft, vielleicht sind sie das notwendige Gegenstück zur bezaubernden Einöde.

Unsere letzte Station in Bulgarien ist Tutrakan, danach wird sich der Fluss nach Norden wenden und auf seinem Lauf zum Meer einen schönen Umweg durch das flache rumänische Hinterland zurücklegen. Er wird sich im großen Stile einmal mehr winden und schlängeln, einen großen Bogen schlagen, um nur nicht schnurgerade zu sein.

Am Strand steht ein älterer, dürrer Mann neben einer überschaubaren Flotte traditioneller Fischerboote aus geteertem Holz und wirft immer wieder ein kleines Netz in den Fluss, holt es ein, manchmal zappeln darin zwei, drei kleine Fische, meistens jedoch nichts. Nachts schläft er nicht weit entfernt auf einer Bank unter einem Obstbaum, genau neben der Strandzufahrt. Die Anwohner aus den Häusern kaufen ihm den bescheidenen Fang ab und so lebt er am Fluss, überlebt vom Fluss. Als wir ablegen, überlassen wir ihm unsere letzten Bulgarischen Lew. Zum Abschied winkt er und beginnt dann, seine Wäsche im Fluss zu spülen. Wir verlassen Bulgarien.

Der Fluss der
HIRTEN

Die Sicht ist diesig und das Himmelsblau wirkt vor Hitze matt. Mittags legen wir am linken Ufer an einem Sandstrand an, für eine Pause, für ein Bad. Ein alter Hirte kommt zu uns gelaufen. Seine Kühe liegen vor der Sonne geschützt unter Bäumen im Sand, stehen ab und an auf, um sich im Fluss abzukühlen. Der Hirte schaut sich neugierig unser Kanu an, lächelt und wundert sich über den unerwarteten Besuch mitten in der Walachei.

Als wir ihn um ein Foto bitten, bedeutet er uns, einen Moment zu warten. Dann wirft er seinen Stock in den Sand, läuft eilig davon und verschwindet zwischen den Dünen. Nur kurze Zeit später ist er zurück, präsentiert stolz eine kleine transparente Plastikflasche und öffnet den gelben Drehverschluss – selbstgebrannter Schnaps. Wir geben uns als Sportler aus und drücken uns so um eine Kostprobe, diesmal funktioniert der Trick tatsächlich. Die Flasche, so meint der Hirte, muss aber auf jeden Fall mit ins Bild. Und so stellt er sich neben seine Kühe unter den Baum am Ufer der Donau.

Zum Abschied möchten wir ihm etwas geben, denn schließlich hat er uns sein Bild geschenkt. Alles, was mir auf die Schnelle einfällt, ist eine kleine Packung gesalzener Sonnenblumenkerne. Er prüft die Packung sorgfältig und beginnt mich darauf zu umarmen, bedankt sich immer wieder, zeigt auf den Boden und simuliert mit seinen Händen eine wachsende Sonnenblume. Ich versuche ihm zu vermitteln, dass die Kerne zum Essen sind und sicher nicht als Saatgut taugen. Er nickt, spricht rumänisch, zeigt immer wieder nach oben, möglicherweise soll der Himmel mit uns sein, vielleicht gibt es auch nur ein Gewitter. Doch ich freue mich über seine Dankbarkeit. Jede Begegnung mit einem Hirten beeindruckt uns. Freilich ist es das Klischee vom glücklichen Armen, doch die, die wir treffen, geben sich ausgeglichen, neugierig und überaus freundlich. Manche wirken geradezu beschwingt – macht das das Leben am Fluss und unter einem freien Himmel?

~

Der Fluss bleibt, die Weite bleibt. Tag um Tag paddeln wir nun weiter Richtung Norden, durch eine Fremde, in der wir uns doch gut aufgehoben fühlen. Die einzelnen Etappen verschwimmen im Rückblick schon nach kurzer Zeit. Hinter uns ist der Fluss, vor uns ist der Fluss – beide Teile verbinden sich mit jedem Paddelschlag, scheinbar ohne Verände-

rung und Ziel. Wir stoppen nur für kurze Pausen auf einer Insel oder landen an einem Strand. Ein schnelles Essen, ein kurzes Bad, dann geht es weiter. Wir treiben an Städten und Dörfern vorbei, strömen unter Brücken hindurch, kommen wieder in ruhige Gebiete und durch endlose Landschaften. Wir sind Flussmenschen, sehen die Welt aus einer anderen Perspektive. Wir beobachten, hören, treiben weiter. Der Stand der Sonne ist die einzige regulierende Größe: Versinkt sie langsam hinter dem linken Horizont, suchen wir festen Grund und schlagen unser Zelt auf. Dann sehen wir den Fluss neben uns dahinfließen, aus der fallenden Dunkelheit kommend und wieder in diese verschwindend. Ganz plötzlich ist er uns dann fremd, der Fluss. Wir schauen auf ihn und nichts verbindet uns. Er ist da und strömt weiter, wir stehen daneben, Fremde, die einander stumm passieren. Kein »jetzt fühle ich mich eins mit dem Fluss«, keine Erweckungserfahrung, noch nicht einmal ein winziges Mantra flüstern uns seine Wellen zu, nichts.

Am Tage sind wir Gäste auf seinem Rücken und er schert sich nicht darum. Warum auch. Der Fluss schert sich in beeindruckender Weise um gar nichts.

Doch nehmen wir ihn wohl dennoch in uns auf, offenbar fließt er mit der Zeit in unser Bewusstsein ein. Und gehört so irgendwie zu uns, wie ein wortkarger Begleiter, den man nicht recht einschätzen kann. Wir teilen gemeinsam die vielen Tage, bleiben aber sprachlos, für eine richtige Freundschaft scheint es nicht zu reichen. Dennoch schleicht sich schon jetzt der Gedanke ein, dass wir uns wohl später an diesen stummen Begleiter immer erinnern werden. Und auch, wenn er sich nicht um uns zu kümmern scheint, wahrscheinlich werden wir ihn wirklich vermissen.

~

Gute Menschen gibt es überall, doch manchmal begegnet man am Fluss auch schrägen Vögeln und Ganoven, von denen man nicht so recht weiß, was man von Ihnen halten soll.

Eines späten Abends tuckert ein Motorboot an unserem Lagerplatz vorbei, ganz dicht am Ufer, obwohl doch so viel Platz auf der Donau ist. Jemand stellt den Motor aus, das Boot treibt lautlos mit der Strömung. Das helle Licht einer Taschenlampe huscht über den dunklen Platz und leuchtet auf unser Zelt. Seltsam, wer will uns hier besuchen? Für die Nacht haben wir eine Insel mitten im Fluss gewählt. Vielleicht sind es Fischer, die etwas hier vergessen haben. Das Boot kommt zurück und hält am Strand an, unser Lager wird wieder von dem fremden Licht erhellt. Leise Stimmen. Wir klettern aus unserem Zelt, knipsen unsere Stirnlampen an und wollen nachschauen, was hier zu später Stunde los ist.

In dem Kahn sind zwei Männer, vielleicht Mitte dreißig, der Kerl am Außenbordmotor sieht eher schlaksig aus. Der andere ist ein bulliger Typ mit Stiernacken und kurzgeschorenem Kopf und er steht aufrecht in der Mitte des Boots. Er hat das Kommando. In der Luft liegt eine seltsame Stimmung, diese Begegnung ist ganz anders als die vorangegangenen. Es riecht eher nach Ärger. Wir leuchten sie an, die beiden Männer verstummen nun, sagen gar nichts, schauen uns nur an. Im Boot kann ich weder Angeln noch Netze oder andere Ausrüstung sehen, es sind also keine Fischer. Ringsum die schwarze Nacht, nur die beiden sind hell erleuchtet von dem weißen Licht unserer Lampen. Was sie hier suchen?

Der Kräftige gibt vor, uns nicht zu verstehen und fängt laut an, Rumänisch zu uns rüber zu rufen. Wir antworten weiter auf Englisch und erklären, dass wir so spät in der Nacht keinen Wert auf Besuch legen. Die beiden scheinen noch zu überlegen, was sie hier eigentlich wollen, tuscheln miteinander, deuten aber immer wieder in unsere Richtung. Sie zögern. Doch dann springt der kräftige Kerl an Land. Er wirkt bedrohlich und uns wird klar, dass die beiden Gestalten gar nichts Gutes im Schilde führen. Wie ein Bulle stampft er durch den Sand

Rechts: Kuhhirte Marin Neacşu

in unsere Richtung. Unsere Lampen müssen ihn so stark blenden, dass er eigentlich kaum etwas sehen kann. Doch er schaut uns fest an, verzieht keine Miene. Meine Hand umklammert eine kurze Aluminiumstange, die wir sonst als Stütze für das Sonnensegel verwenden, Lars steht neben mir, in seiner Rechten hält er ein Paddel. Aber etwas ganz anderes lässt den Stiernacken abrupt anhalten. Hundegebell. Und so bleibt der Kerl auf halbem Wege tatsächlich stehen. Er zögert – er kann nicht einschätzen, wie groß und gefährlich der im Zelt bellende Hund ist. Sein Blick wechselt zwischen uns und dem Zelt mit dem nervösen Hund hin und her. Keiner bewegt sich. Kurze Stille und dann setzt unsere treue, vierbeinige Begleitung noch einmal zum Bellen an, diesmal länger und mit einem röchelnden Knurren dazwischen. Das klingt jetzt richtig gefährlich. Der Typ macht kehrt, läuft zurück, springt ins Boot. Der andere startet den Motor und die beiden fahren wortlos in die Dunkelheit davon. Der Spuk ist vorbei. Wohl dem, der einen Hund mit hat!

~

Kilometer 205 Das Land bleibt flach und die Donau teilt sich ab und an, um riesige Inseln zu umströmen. Im Fluss liegen zahlreiche Schiffswracks, halb untergegangene Frachter, deren Aufbauten sich über die Wasseroberfläche erheben. Niemand hat ein Interesse daran, diesen Schrott aus dem Wasser zu bergen, und so bleiben die verendeten Schiffe einfach liegen, bis sie die Strömung des Wassers in ein paar Jahrzehnten aufgelöst haben wird. Der Wind nimmt fast täglich zu, doch wir kommen gut voran, paddeln vom Morgengrauen bis zum Dunkelwerden. Es fühlt sich noch nicht so an, als ob der Fluss jemals enden wird. Wir meiden Landgänge in den wenigen großen Städten, sie locken uns nicht vom Wasser. Unseren Proviant versuchen wir in den kleinen Orten und den Dörfern einzukaufen. Oft stehen wir vor fast leeren Regalen, selten gibt es frisches Brot oder Obst und Gemüse. Eines Morgens werden wir von einer Herde Kühe geweckt, die an unserem Zelt vorbeitrampelt. Der Mann, der sie zu den saftigen Flusswiesen treibt, winkt mit seinem blauen Basecap und grüßt uns freundlich – auch er gehört zu der Spezies der zufriedenen Viehhirten.

Die Ufer werden immer schlammiger, und wir sinken manchmal so tief in den Schlick ein, dass wir große Not haben, an Land oder wieder zurück ins Boot zu kommen. Überhaupt wird alles ringsum sumpfiger, die Vegetation an den Ufern ist dichter und erinnert an das Grün des Urwaldes. Irgendwann ändert der Fluss wieder seine Richtung, es geht erneut nach Osten, auf der linken Uferseite taucht die Ukraine auf, von der wir eigentlich nur grüne Wachttürme wahrnehmen, anlanden dürfen wir dort nicht. Es kommt nur noch eine große Stadt, bevor sich die Donau im Delta verheddert, die letzte Stadt vor dem Dschungel, Tulcea.

Die Stadt scheint der letzte große Außenposten der Zivilisation. Frachter legen an und ab, Passagierschiffe und flache Fähren liegen in mehreren Reihen vor den Kaimauern. Im Abendlicht leuchten die verglasten Fassaden der Hotels, überall ist Betriebsamkeit. Menschen kommen hier an, um das Delta zu besuchen, andere, um es zu verlassen. Jedes zweite Geschäft oder Gasthaus trägt das Delta im Namen. Die Stadt ist eine riesige Übergangsstation, ein Ort der Durchreise, auch wir paddeln weiter.

Am Ende
DAS MEER

Wie eine weite, graue Decke hängen die Wolken tief über der Landschaft. Das Wasser reflektiert den Himmel, vielleicht ist es auch umgekehrt. Der Fluss wirkt so unergründlich, fast schwarz. Getrennt werden die beiden Welten am Ende des Gefildes von einem daumenbreiten, strahlenden Horizont – an dessen Fuß ein flaches, grünes Ufer aus dichten Bäumen, Büschen und Schilf liegt. Das Wasser wird schmaler und wieder breiter, teilt sich unentwegt. Enge Kanäle gehen rechts und links ab, das Ufer an allen Seiten bleibt jedoch gleich: ein enger, schlammiger Strand, dahinter richtiger Sumpf, darauf mehr empor wachsendes Gesträuch als Haare auf unserem Hund. Ja, nun sind wir wirklich im Donaudelta, dem sagenumwobenen.

Wenn es in der beschreibenden Literatur um das Donaudelta geht, treten Superlative gegen-einander in den Ring. Dem Leser wird ob der unbegreiflichen Zahlen und Fakten schnell ein wenig schwindelig. Die größte, weiteste Landschaft, tausende Tierarten oder Pflanzen, vielleicht auch beides, unergründlich – total wild sowieso. Und natürlich unglaublich viele Vögel, auch so tausende. Davon merken wir im Kanu nur wenig. Wahrscheinlich sind die Urheber solcher Beschreibungen von dem Wunsch getrieben, eine unübersichtliche und chaotische Landschaft mit ein paar Zahlen und rechnerischen Vergleichen in den Griff zu bekommen, damit die Menschen diese Großartigkeit begreifen. Doch diese begreifen in Wirklichkeit natürlich nicht. Die Vorstellungskraft des Menschen scheint jenseits vom Dutzend schlagartig zu versiegen, so ist das nun einmal. Dabei lässt sich das Donaudelta ganz einfach charakterisieren, ungefähr so: viel Wasser, dazwischen undurchdringliche Ve-getation, sieht von weitem überall gleich aus, von nahem meistens auch, insgesamt men-schenfeindlich. Ja, das trifft es ganz gut. Und die tieffliegenden Pelikane sollten keinesfalls vergessen werden, denn die gehören definitiv dazu.

In dieser vollkommen verwachsenen Landschaft leben dennoch Menschen. Manche wie Einsiedler, in abgelegenen Fischcamps, andere in der Gemeinschaft kleiner Dörfer. Diese Inseln der Zivilisation sind nur über das Wasser erreichbar, kein fester Weg, keine Straße führt zu ihnen. Im Dschungel des Donaudeltas fanden früher Menschen Zuflucht, die alles hinter sich lassen wollten, einen Neuanfang suchten: Kriminelle, religiös Verfolgte, Sklaven, Abenteurer und Deserteure. Das Delta war ein rechtsfreier Raum, ein Unterschlupf im dich-ten Grün am Ende Europas.
Heute leben die Menschen der Dörfer von dem, was der Fluss mit sich bringt, Fisch und Touristen. Die Deltabewohner führen Fremde über die etlichen Wasserarme und Kanäle,

Vorherige Seite und Seite 186: Dorfansichten aus dem Donaudelta
Rechts und folgende Seiten: Portraits aus dem letzten Dorf an der Donau,
aus Sfântu Gheorge. Dahinter kommt das Schwarze Meer.

bieten Unterkünfte und Mahlzeiten. In den Siedlungen hat sich nichts grundlegendes geändert. Noch immer sind die freilaufenden Kühe auf den sandigen Dorfstraßen unterwegs. Am Rande der Ortschaften versuchen Bauern, dem schlammigen Boden geringe Erträge abzuringen. Der nimmermüde Meereswind weht über die Dächer der alten Häuser, bringt das Weidendickicht zum Tanzen und wühlt das feingliedrige Wasser der Donau auf.

~

Das Delta ist gleichzeitig eine Art Schleuse vom Fluss zum Meer. Dramaturgisch betrachtet erhöht das für alle Beteiligten die Spannung ungemein. Schließlich hat man gute Chancen, sich nach mehr als zweieinhalbtausend Kilometern Donau am Ende doch noch zu verfahren, den Rest seines Daseins im Dschungel zu fristen und vom Meer lediglich ab und an eine salzige Brise wahrzunehmen. Vorausgesetzt, der Ostwind bläst kräftig. Diese Vorstellung animiert uns, etwas genauer in die ungenauen Karten zu schauen. Wir entscheiden uns wohl an jeder Gabelung richtig, wählen den südlichsten der drei Hauptströme und paddeln am Dorf Sfântu Gheorge vorbei. Dann schließlich öffnet sich der Horizont und was dahinter liegt, kann nur das Schwarze Meer sein.

*Folgende Seiten: Das stille Ende der Donau – sie verdünnisiert
sich in das Schwarze Meer, fließt in den Horizont.*

Ein seltsamer Moment, so ist es also, wenn ein Fluss aufhört, da zu sein. Zick, zack, einfach Schluss. Innerlich regt sich sogleich vehementer Widerspruch: Aber so kann es nicht einfach aufhören, oder? Auch wenn der Verstand es ja besser weiß, so ein Ende kommt immer überraschend. Das Wasser, vorher von uns als Fluss tituliert, strömt davon und füllt schließlich den ganzen Horizont. Alles ist ganz weit. Ist das jetzt das Ende der Reise? Ein wenig ratlos sitzen wir im Boot und lassen uns die letzten Kilometer treiben.

Die Donau verschwindet einfach so. Sie verdünnisiert sich im wörtlichen Sinne, ist nicht mehr zu greifen. Der Mensch wünscht sich ja meist einen besonderen Abgang, etwas mit Effekt, etwas Erstaunliches. Doch das bietet uns die Donau nicht – und bleibt sich damit treu. Die Donau erscheint einfach, sie fließt dahin und verschwindet schließlich ohne Aufsehen. Sie bietet nichts Handfestes, ist ständig in Bewegung, umschlingend, was sie nicht überwinden kann, frei von Willen und Zeit, nichts als Fluss.

Und so treibt das kleine, rote Boot fast auf das Meer, die ersten langen Wellen lassen es schaukeln und ehe sich das Ufer ganz verliert, legt es am sandigen Ufer an, ein Hund und zwei Menschen springen an Land. Ungläubig taumeln sie durch den Sand, vielleicht etwas euphorisiert, ganz sicher glücklich. Was nun? Schließlich steht ein kleines Zelt am Strand, zwei Brüder, die auf das weite Wasser schauen. Der passende Soundtrack dazu? The Doors: »This is the end, beautiful friend, this is the end«. Nein, nicht ganz. Dann doch eher der: »We'll meet again, don't know where, don't know when – but I know we'll meet again some sunny day.« Wer weiß?

Kilometer
0

Zweimal **DONAU**, bitte!

Möglicherweise konnten wir von der Donau einfach nicht genug bekommen. Auf unserer ersten Fahrt im Kanu zum Schwarzen Meer begleiteten uns die tapferen Fernsehmacher der MonstaMovies Filmproduktion im Auftrag der Sender 3sat und ZDF. Gemeinsam reisten wir auf und neben der blauen Lebensader, bogen immer wieder ab, um Neben-, Tal-, Höhen- und Irrwege zu erkunden, somit schließlich das Schöne zu entdecken und für die Nachwelt festzuhalten. Für einen Film wie ein Road-Movie, ein langsames vielleicht, voller Anmut und Komik und voller rührender Begegnungen, bis hin zur letzten Szene am Meer. Da standen wir nun, am Ende der Donau und hatten doch noch nicht alles gesehen.

Keine drei Wochen später hatte der Fluss uns zurück. Wieder starteten wir in Deutschland, mehr als zweieinhalbtausend Kilometer hatten wir vor unseren Paddeln, ohne Fernsehteam, dafür mit Malin aus Schweden im Begleitkajak und einem zweiten Hund im Kanu. Wir befuhren eine vertraut fremde Donau, wurden zu Flussmenschen.
Im Rückspiegel betrachtet werden die beiden Reisen nun eins, die Erlebnisse vermischen sich miteinander, sie werden zum Fluss, der alles zusammenhält, sie werden zu unserer Donau, zu diesem Buch. Und sie lässt uns nicht los, mit ihrem Gesäusel, ihren vielen Gesichtern, ihren Menschen, ihrer Schönheit und ihren Geschichten, ihrem Leben. Was für ein Abenteuer! Was für ein Fluss! Und wir, die Glücksritter im roten Kanu, durften ihn bereisen.

Wir haben vielen Menschen vieles zu verdanken, einige davon müssen hier unbedingt Erwähnung finden: Wir danken Malin für dieses gemeinsame Abenteuer, für die »komplette Runde«, für alles. Wir danken unseren Eltern, Hannelore und Winfried, für ihre Liebe und ihr Vertrauen. Wir danken unserem Onkel, Hans-Joachim, für seinen unerschütterlichen Glauben in uns.
Für eine wilde Zeit, wunderbare Momente und einen fantastischen Film danken wir den MonstaMovies Sabine, Lutz und Tom sowie Fiete, Vanessa, Till, Kerstin, Sascha und Martin. Nicht nur für den Anfang dieser Geschichte danken wir Peggy und Henri. Der Fluss hat uns geprägt, die Begegnungen mit den Menschen haben uns berührt – wir danken für die Gastfreundschaft, für die Hilfe, für die schönen Augenblicke und die offenen Arme, mit denen wir als Fremde empfangen wurden, und wir danken für diese fantastischen Portraits. Wir danken unseren Freunden für Unterstützung, Inspiration, Mitgefühl und Güte.

 Für den Support unserer Projekte, das Vertrauen und das gemeinsame Wirken möchten wir den folgenden Menschen und Organisationen danken: Marc Wachter und MARMOT | Adam Brånby, Sara Wänseth, Jesper Rodig und WOOLPOWER ÖSTERSUND | Ulrich Götze und CALIFORNIA SUNBOUNCE | Ute und Jörg Rostock und WENONAH CANOES | Franz Undorf und PROFOT / ELINCHROM | Stefan von Roth und HANWAG | Sigrid Simonis und GITZO | Thomas Seifert und MONTANA TRADING | Bruno Drews und CASCADE DESIGNS | dem Team von PRIMUS. Vielen Dank!

Das rote Kanu, Flicka und die Donauten bei Flusskilometer 1224, kurz vor Belgrad. Nicht im Bild: Der zweite Hund, die Blitzanlage, Lichtreflektoren, Kameras, Stative und Malin, die gerade dieses Foto macht.

GESICHTER DER DONAU – Die fantastische Reiseerzählung der Donauten Lars und Niels Hoffmann.

fotografie Lars Hoffmann | *erzählung* Niels Hoffmann

edition MORIZANER ist ein Imprint der Müritz AG – Achtenhagen & Hahn GbR

© 2010 edition MORIZANER für diese Ausgabe
© 2010 Lars Hoffmann für die Fotografien
© 2010 Niels Hoffmann für die Texte

Gesamtlayout	Niels Hoffmann	www.cold-nose.de
Projektkoordination	Jörg Hahn	www.edition-morizaner.de
Lektorat	Michael-André Werner	www.michael-andre-werner.de
Gesamtherstellung	optimal media production	www.optimal-online.de

Bestellung und Auslieferung OVA optimal Verlagsauslieferung
Glienholzweg 7, 17207 Röbel/Müritz
book_service@optimal-online.de
Tel.   +49 (0)39931 56-620
Fax   +49 (0)39931 56-866

www.edition-morizaner.de | info@edition-morizaner.de | Printed in Germany | ISBN 978-3-941803-02-2

EDEL : PLATINUM. SUPERVISED BY STEIDL

optimal Verlagsauslieferung

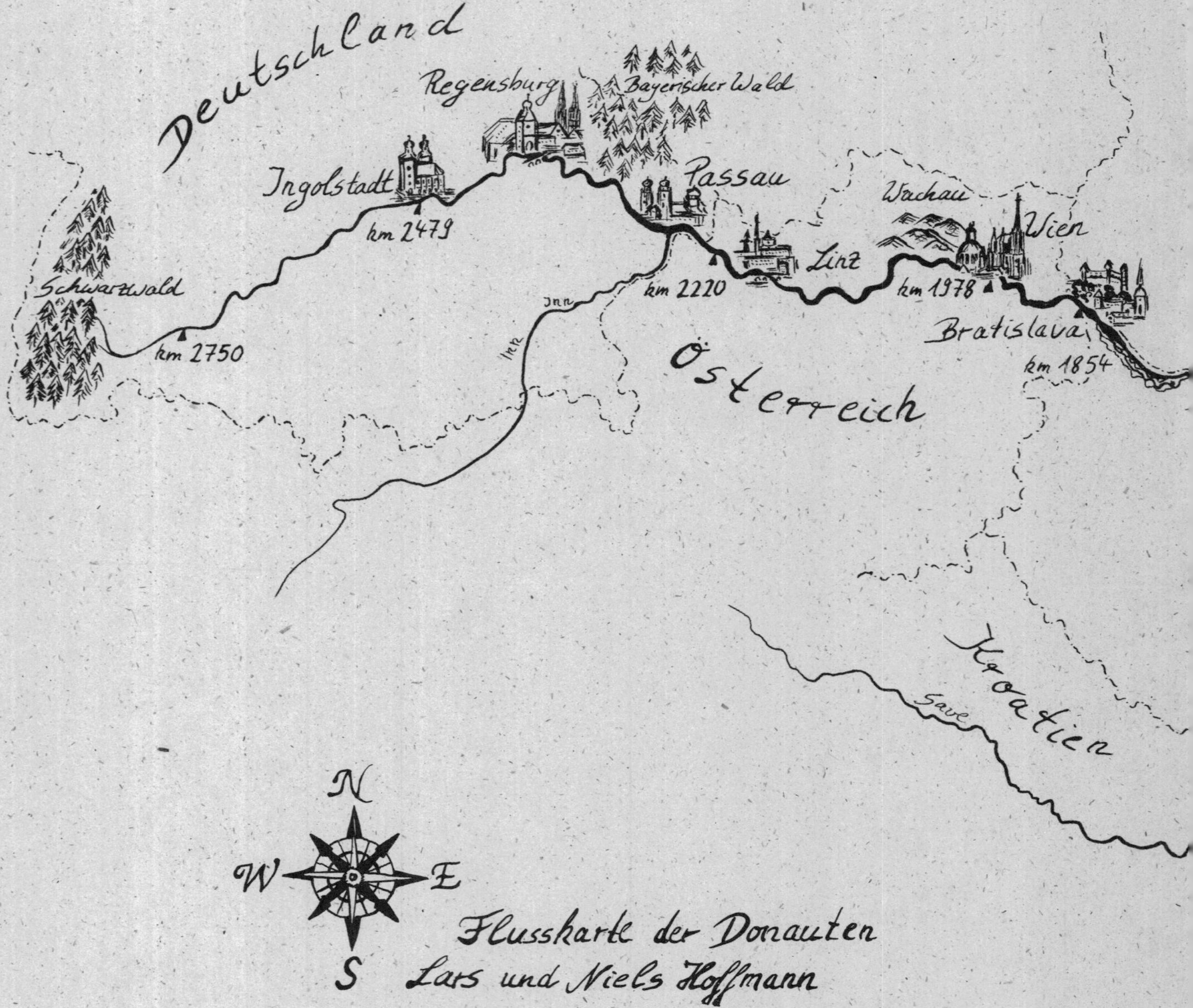

Deutschland

Regensburg

Bayerischer Wald

Ingolstadt

Passau

Wachau

Wien

Schwarzwald

km 2479

Inn

km 2220

Linz

km 1978

km 2750

Österreich

Bratislava

km 1854

Kroatien

Save

N

W E

S

Flusskarte der Donauten
Lars und Niels Hoffmann